学习的科学

每位教师都应知道的99项教育研究成果 升级版

The Science of Learning

99 Studies That Every Teacher Needs to Know

[英] 布拉德利 · 布什（Bradley Busch）
爱德华 · 沃森（Edward Watson） 著

滕梅芳 袁博 盛骢 译
盛群力 审校

中国青年出版社
CHINA YOUTH PRESS

图书在版编目（CIP）数据

学习的科学：每位教师都应知道的99项教育研究成果：升级版 /
（英）布拉德利·布什，（英）爱德华·沃森著；盛群力等译.
—北京：中国青年出版社，2022.12
书名原文：THE SCIENCE OF LEARNING: 99 Studies That Every Teacher Needs to Know
ISBN 978-7-5153-6807-8

Ⅰ.①学… Ⅱ.①布…②爱…③盛… Ⅲ.①课堂教学—教学法 Ⅳ.①G424.21

中国版本图书馆CIP数据核字（2022）第197479号

学习的科学：
每位教师都应知道的99项教育研究成果（升级版）

作　　者：［英］布拉德利·布什　爱德华·沃森
译　　者：滕梅芳　袁　博　盛　骢
审　　校：盛群力
策划编辑：翟平华
责任编辑：刘宇霜
文字编辑：吴梦书
美术编辑：张　艳
出　　版：中国青年出版社
发　　行：北京中青文文化传媒有限公司
电　　话：010-65511272 / 65516873
公司网址：www.cyb.com.cn
购书网址：zqwts.tmall.com
印　　刷：大厂回族自治县益利印刷有限公司
版　　次：2022年12月第1版
印　　次：2025年2月第5次印刷
开　　本：787mm × 1092mm　1/16
字　　数：200千字
印　　张：15
京权图字：01-2022-2785
书　　号：ISBN 978-7-5153-6807-8
定　　价：59.90元

The Science Of Learning

目 录

The Science Of Learning

《学习的科学》推介语

我一直在期待这样一本书。自20世纪80年代我第一次与教师们一起工作以来，我就希望有一本书能以通俗易懂的方式呈现教育学和心理学方面的开创性研究，并从中得出对实践的启示。本书正是如此。在这本极具可读性的书中，布拉德利·布什和爱德华·沃森介绍了教育学和心理学领域的关键研究，这些研究跨越了60多年，是每位教师都应该知道的。无论你是新入职教师，还是经验丰富的教师，书中都会有一些与你的实践直接相关的内容，或许更重要的是，本书会启迪你思考。强烈推荐。

迪伦·威廉（Dylan Wiliam）

英国伦敦大学学院教育评估荣誉退休教授

本书对于教师来说是一份及时而珍贵的礼物。我们知道，研究和证据如果使用得当，就是对教师经验和专业判断的重要补充，但找到最相关的研究、理解内容、知道如何准确地实施这些发现，可能真的很棘手。难怪尽管教师对研究的兴趣日益浓厚，但研究在教师实践中的应用仍然有限。这本书提供了一个吸引人的、值得信赖的解决方案：作者精挑细选了一系列扣人心弦的研究——

从大规模的、重复的研究到小型的、古怪的研究——并且清晰明了地总结了这些发现。讨论简短但细致入微，“课堂启示”提供了关于如何将这些知识传授给教师实践的深思熟虑的建议。这些解释简明扼要，却并不简单——这是一项了不起的成就。准确解释研究成果并明智地应用它们不是一件容易的事情。这本书化繁为简，教师应人手一本。

乔尼·诺克斯（Jonnie Noakes）

英国伊顿公学教学负责人

这本书通俗易懂，对于任何渴望了解更多教育研究重要发现的人来说都是不可抗拒的。作者确定了有关课堂关键问题的研究中最具影响力和最重要的发现，例如有效教学、学生行为、家庭影响和培养熟练学习者的实践。布什与沃森为每个寻求以最有效的学习方式帮助儿童和青年的人提供了一个简洁、有力、引人入胜的资源。这对每所学校来说都是必需品。

艾莉森·皮科克（Dame Alison Peacock）

英国特许教学学院首席执行官/教授

这就是我一直在等待的教育研究书!

作为一名专业教师，掌握证据十分重要，这样才能把我们最宝贵的资源——时间——花在对学生学习和进步有最大影响的活动上。但我们陷入了两难的境地，没有足够的时间充分参与研究本身。再加上学术收费的问题、复杂且常常令人费解的陈述和语言风格，以及庞大的教育研究数量，对于一个忙碌的老师来说，读那些可能有助于提高效率的期刊文章的机会成本太高。

幸运的是，布什和沃森在这本书中找到了每位教师都应该知道的答案。书中充满活力的图文跃然纸上，书的结构更适合浏览和随意翻阅，而不用从头到尾通读一遍。你可以在短短几分钟内消化一项重要研究的关键发现——这对于一个忙碌的老师来说，无论是在培训中、在职业生涯的最初几年还是经验丰富的老师，都是理想的选择。

这些研究本身都是经过精心挑选的，涵盖了记忆、动机、元认知以及行为、偏见和养育等领域。交叉结构也鼓励读者看到学习之间的联系，从而建立起一个连贯的整体图景，说明可能在课堂上真正起作用的是什么。

布什和沃森提供了这一罕见读本：教育必读书目。我会把它推荐给我认识的每一位老师！

克里斯·希尔德鲁（Chris Hildrew）

英国丘吉尔学院校长

当今课堂中教师面临的两个关键问题是：其一，我需要了解哪些研究？其二，我如何在课堂中应用这些研究？本书是教育研究领域中一本非常实用的指南，也是一个十分有用的指南针，指引学校领导、课堂教师和家长寻求可以实施的循证策略。

卡尔·亨德里克（Carl Hendrick）

畅销书作家

教师是非常忙碌的专业人员，因此不太可能轻易地获取大量的第一手研究证据来提高课堂教学。布什和沃森将许多认知心理学研究提炼成了一种便于教师阅读的形式。我们必须试探性地从这本集子的个体认知心理学研究中得出结论，但通过书中的比较和对比，有趣的信息显现了，吸引着读者的兴趣。

亚历克斯·奎格利（Alex Quigley）

畅销书作家

像我一样，我相信当你接触这本书的时候，你会喜欢阅读、钻研、思考、跟进、质疑，还会要求后续了解更多。这是我这十年来读到的最佳作品。

约翰·哈蒂（John Hattie）

澳大利亚墨尔本大学的桂冠教授、畅销书作家

77个篇幅简短的主题介绍使这本书真正地平易近人，易于使用。一次只涉及一个主题就不令人生畏。总之，这些文章合起来是真正实用和有益的知识，真是一目了然。

莎拉·布鲁（Sarah Brew）

《家长连线》

如果你是一名教师，即使没有宝贵的空闲时间，但也想从教育研究中找到许多有趣的发现，那么就应该购买这本书。如果你是一个团队的领导者，为你的每个团队成员购买一本将是一个不错的投资，特别是如果你使用选定的研究作为团队讨论的基础。

特里·弗里德曼（Terry Freedman）

《学校周刊》

对于忙碌的教师、教育学生或学习支持导师来说，这是一个非常好的资源，它提供了大量的精神食粮和易于理解的课堂或教学建议。

简·比奇（Jan Beechey）

MCILIP,《阅读障碍评论》

The Science Of Learning

《学习的科学》序言

在过去的日子里，研究的发表经历了同行评审的过程，有复制和伪造的风险，遵循了自16世纪以来流传并完善的行为准则。研究的基本前提是遵循牛顿的格言，即站在巨人的肩膀上，不断地增加、提炼和解释这些已发表的论文中的证据。但是，20世纪后期，证据数量激增，（通过互联网）打开了研究的大门，关于由谁发表和发表什么内容的旧规则遭到了质疑和摒弃。我们现在处于证据的时代——证据堆积如山。政治家、家长、政策制定者和教育工作者都呼吁要使用证据——但是使用谁的证据呢？

与此同时，否认主义迅猛发展，世界上主要国家的领袖也在利用否认作为公众选举的基础，如假新闻，“谎言，可恶的谎言和统计数字”。我们确实处于“后真相”（2016年牛津英语词典的年度词汇）的时代。“真理已死，事实已成为过去。”现在都是辞藻虚夸，嘴上说说，不顾真相。

似乎每个教育家都知道学校成功的秘诀，当我注意到这一点时，便开始了对这种现象的探索，而答案看来就是这些教育家正在研究的内容。他们有大量的证据来支持自己的主张。我曾是这些学校的学生，知道其中的许多说法都不是正确的。因而我尝试将辩论的内容从“是什么有效”转变为“是什么最有效”，并提出相对应的问题。接下来就是寻找证据，在这些案例中，我运用了综合的元分析来创建有效干预的相对顺序。最令人惊讶的消息或许是，我们为提高学生表现而实施的干预措施有95%以上奏效了！此后，我想改变标准——不是问这些干预措施为什么能提高学生表现，而是问那些积极效果较大的干预措施和积极效果较小的干预措施之间有什么区别。经过90000项研究，被试者覆盖了2.5亿学生，研究人员总结了250种影响，才使得后来我在本书中有了一系列的主张。毫不奇怪，我的解释受到了激烈的质疑（也应该有质疑的声音）。

考虑到“证据”的数量，是时候不再要求更多的证据，而是对现有的证据进行更多的转换和传播了。教育捐赠基金（The Education Endowment Fund）就是这种转换的典范，但我们还需要更多。我们或许需要用更有效的模型来实现证据的转换。我非常喜欢“转换”这一概念，因为它把重点放在那些转换上，以确保读者真正理解——否则就没有转换或转换不好。这可能是我们研究领域的下一个最令人兴奋的发展：转换研究的内容，以使研究结果更容易落实。

这是本书取得重大进展之处。当作者把作品发给我进行事实核查时，给我留下了深刻的印象，他们既接受大创意又能以可理解的形式展示创意——不贬低、不遗漏关键中介机制，而且非常引人注目，成书方式也易于检索。

以其中的两项研究为例：和那些只用语词或图片来复习的人相比，将语词与图片结合起来学习的人，能够正确回答出两倍的问题；以及用图示描绘过程的研究。研究者显然是在倾听自己，因为这本书本身就体现了这两项研究。这些图片很完美，它们不仅易于理解，可用于专业发展，还对实践具有启示意义。

1921年，弗雷德·巴纳德设计了一个广告，使用“一图胜千言”方式，并声称这是“一个中国谚语，所以人们会认真对待”。布拉德利·布什和爱德华·沃森当然非常重视认知和神经科学领域的研究，并把成千上万的词语变成了精美的图片。这正是体现了当今更有效地落实研究证据的一种技能。

我相信你和我一样，当接触到这本书时，你会喜欢阅读、沉浸、思考、跟进、提问并发现更多。这是一本“十年磨一剑”之书，希望还有更多这样的书。

约翰·哈蒂（John Hattie）

The Science Of Learning

来自读者的阅读感受

我们的目的是从这本书中获取有关学习的科学的一些重要研究成果及其在课堂教学中的实际应用，并引发大家的讨论。以下是一些关于如何在教师专业发展（CPD）中更广泛地使用本书的感悟，这些感悟来自那些阅读了《学习的科学》的读者。

我发现《学习的科学》这本书既有趣又有用。“课堂启示”这一部分尤其有用，它为我提供了便利的技巧和方法，使我能够在教学中贯彻运用。例如，我把第15项学习的发现应用到分数、小数和百分比的数学课中。我把教材的讲解适当间隔开来，在考试前确保孩子们有一组问题需要解决，这些问题要求他们思考使用哪些技能。这种方法意味着孩子们参加考试时更有信心，而且在很大程度上对结果感到满意。

第42项研究对学生的数学学习有积极的影响。例如，在数学课上采用随机分组的办法，让学生开展分数寻宝活动，这个活动能使他们在整个课堂讲解过程中集中注意力。我们告诉学生，在活动结束时，小组的所有成员将要正确解答一个问题，然后宣布谁获胜。因此，学生们能意识到，帮助那些可能在这个概念上遇到困难的同学很重要。学生提高注意力的另一个原因是害怕让其他同学失望。我们在学校进行“每日一里路”运动，因为第50项提醒了我学习之余休息一下、散散步的好处。这是我们经常做的事情，这些活动在精力恢复与应用方面产生了积极的结果。

伊莱恩·普伦迪维尔（Elaine Prendiville）

沃金厄姆小学

《学习的科学》在我们学校中非常重要，因为我们在教学和学习方面有四个重点：识字、提问、反馈和认知科学。这是整个学校的大事，也是院系要抓的工作。我所在的历史系在学习的科学方面一直关注的两个领域是“提取练习”和“双重编码”。书中关于记忆的部分非常有见地，信息量大，对我们的课程和课时规划很有帮助。这是我们发展教学设计能力和教师专业发展的关键方面。我们汲取相关研究结果，并讨论了这些研究结果在日常教学设计和实践中的影响。《学习的科学》帮助我反思自己的教学经验，并使我的工作变得更为可靠有据。

阅读这本书后，我们从学术和实践的角度出发，在支持学生的提取策略方面作出了改变。我也反思过如何以及何时在课堂上使用提取策略。我调整教学的主要方式是专注于复习策略和元认知。这本书对我的影响最大，因为我是“普通中学教育证书考试”（GCSE）班的班主任。我经常与学生分享这本书中的研究，帮助他们理解，以及如何将其应用到学习中。我还利用这本书中的信息向十年级学生家长做宣传，鼓励他们支持孩子，向孩子建议应该做什么，不应该做什么。我想很多家长也会觉得这本书很有用。

我、我的同事和学生发现最令人惊讶的研究是手机的影响以及手机对学生的分心程度的影响。这真的很重要，被看电视、打游戏所占据的屏幕时间一直是一个头疼的问题。我还发现了一些关于学习时听音乐的研究。

最后，这本书的编排设计绝对一流。让教师阅读学术研究论文恐怕会很吃力，这种论文不易检索，文章冗长，又充满了专业术语。而这本书很好地总结了一些重要的研究，有些我很熟悉，但也有很多我不熟悉。我认为大家对这本书的一个误解是，认为它只是涉及了认知心理学和记忆，但它远远不止于此。它涵盖了广泛的话题，对老师、中小学校长，以及学生和家长都很有用。

凯特·琼斯（Kate Jones）
阿布扎比酋长国英国学校

在过去的一年里，作为副校长助理，我为所有的教师专业发展（CPD）安排了以研究为基础的实践。这意味着我们会仔细考虑教师专业发展计划，并确保这些计划会有实际的影响，而不是课堂上的噱头。我们也总是确保在引入任何新的策略时，要通晓其价值以及这种改变将给学生带来的好处。因此，《学习的科学》对我们至关重要。

例如，我们今年实施的一个关键策略是"提取练习"。通过提供常规的教师学习社区（小型交叉学科小组），我们概述了什么是提取练习，以及它在不同学科中实施的一些关键方法。然而，这个过程中最重要的部分是分享证据。通过使用书中精彩的可视化图示，我们能够交流罗迪格和卡皮克的研究，该研究概述了测试效果以及"提取"优于"重读"的好处。在过去的几个月里，我们看到教师在课堂中嵌入提取练习的次数有了明显增长，学生也变得更加自信，学到的知识也越来越多。例如，历史系采用了番茄工作法，学生用20分钟的时间来复习，写下自己能记住的关于某个话题的所有内容，只有在掌握这些内容后，他们才会使用课本来补充其他信息。

现在，大多数科目的上课方式都是以智力测验或脑力转储开始的。《闪回星期五》和《回归星期四》都很受欢迎！在接下来的几个月里，我们将继续推行这种做法，相信它会对学生的进步产生切实的影响。这是我们使用书中的研究的一个例子，这本书对教师专业发展来说确实是一个宝贵的资源。

瑞秋·鲍尔（Rachel Ball）
沃克登合作学院

自从我参加了作者开设的一门课程，我的学校就一直在使用《学习的科学》。这本书反映了这个过程：道理明白，应用便利，很容易在繁忙的教学生活中迅速拿起，然后再次放下。我喜欢这样一个事实：尽管基本的教学与学习理论并不一定是最新的，但本书对这些理论解释通透，以至于每个人（学生和家长）都能理解这个理论。使用科学来支持每一个观点，让学生没有争论的余地，让他们知道他们绝对可以同时进行多项任务，在学习的同时听音乐、说话和玩手机！我们给每一位员工都送了这本书——就教师专业发展来说，它是值得的，每个人都可以从中找到有用的和鼓舞人心的东西。感谢所有在英纳德公司辛勤工作的人，我等不及要看到下一本书！

格蕾丝 · 戴维斯（Grace Davies）

拉夫堡学院

通过问题和挑战来介绍这本书，在一开始就采用质疑和讨论，肯定能得到一些同事的支持。每个月由教师制作一些视频，然后在教学小组中展示和分享。每个视频都涉及一项研究，并在学校中与来自80多种不同学习背景的学生讨论。

本来我们设想在教师中建立讨论小组，这个小组不需要刻意推进，它实际上自然而然就形成了。组内成员有些是学科专家，有些是一线教师；有些是校内的，有些是跨学区的。令我特别感到惊讶的是许多非教学岗位的同事都想要这本书。我从销售同事、清洁工、活动协调员和我们团队的许多其他成员那里听到这样的想法："我在一所学校工作，我想了解更多关于学习的知识，这样我就能更好地帮助学生。"再次强调，让同事们提出问题是关键。

"我如何在自己的角色中帮助发展学习（不管是什么）？"

"在我与学生的互动中，我怎样才能让他们谈论学习中的练习？"

"这周我想改变哪个错误的观点？"

不同的学校对这本书的使用方式不同，有些教育部门管理者将这本书作为观察、反馈对话的重点，要求教师确定他们希望发展的品质；学生在与教师的交流中互相展示研究成果；学校的工作人员会询问学生，他们在课堂上看到了哪些研究的证据，每周都会有一项研究被张贴在学校海报上。

没有适合所有情境的完美教材，但我们学校里随处可见的这本书被经常地翻阅和精心地注释，这证明教师人手一册好处多多。作为教育者，有时候我们需要提醒自己，除了传道授业，教师也要有工匠精神，用自己的专业技能让教学方式与时俱进。这本书让我们思考如何磨炼教学技能，并确保我们正在做的事情背后有专业研究的支持。学以致用，而不是读了就忘。

乔治 · 卡斯利（George Casley）

伦敦CATS学院

我最喜欢这本书的地方是它的多功能性。作为一名教师，我为了自己的兴趣坐下来读这本书，但很快就意识到，我可以把这本书推荐给班主任、系主任和教师。例如，在我要求学生思考关于睡眠模式的文章之前，我们已经阅读并讨论了相关研究，然后他们开始写睡眠日记，监控自己两周内的行为，反思自己的行为并与书中提倡的研究作对照。

我可以用很多不同的方式来使用这本书，因为它非常易读。它的编排和语言意味着它对所有人来说都是平易近人的，而且读起来很有趣。有那么多教育类的书在那里东拉西扯，本来只是一篇博客文章，却要写成一本书。这本书由英纳德公司组织编写，因此脱颖而出，每一页都有深刻的见解！

我的教学改变了，因为我从书中获得了深刻的见解。这本书还有一个独特的特点是，你可以轻松地通过目录找到一个研究，阅读，然后在第二天调整你的教学行为。这使它成为一本非常有用的书，它确实改变了你的实践。

凯特 · 斯道静（Kate Stockings）

汉普斯特德学校

在过去的一年里，我作为历史老师的角色发生了巨大的变化。就我个人而言，我能够从研究人员哈塔卜（Khattab）关于学生的抱负和期望的研究中认识到，我需要从这两方面鼓励学生进步。作为一个院系，我们的课程和实践结构一直是由专业研究决定的，而不被时髦的风向所左右。这种令人耳目一新的教学方式受到了《学习的科学》中提供的研究的启发，确保教师通过严格的教师专业发展（CPD）课程来发展自己，这是为我们的需求量身定制的。

作为学校的一名教师专业发展负责人，我能够参考这本书来为教师专业发展课程创建资源，并促进教师之间有意义的对话和讨论。今年引入的促进学生进步的一个基本策略是使用提取练习。现在，这一方法已经在整个学校推广开来，教师在每次使用某种提取方法时都变得越来越有信心。通过这本书的可视化图示，我们可以领会罗迪格和卡皮克关于重读与提取检索哪一种复习方法更好，以及唐洛斯基关于改善长时记忆的研究。这只是这本书帮助我们学校进步的一个例子。教师专业发展团队内的员工洋溢着积极的态度，这非常鼓舞人心，并表明这本书是有效的。

布拉德 · 威廉姆斯（Brad Williams）

沃克登合作学院

在领导考文垂学院的教学工作时，我一直在使用《学习的科学》。我请老师们注意那些最重要的研究成果，并基于我设计的全校教师专业发展课程，围绕着通俗易懂、易于理解的图示和摘要来开展学习。我向教育同行们介绍了这本书，他们对这本书清晰简洁的结构和背后的研究蕴含的力量印象深刻。

伯特伦 · 里克特（Bertram Richter）

考文垂学院

The Science Of Learning

导论：本书写作特点

什么是学习的科学？它是为了帮助学生更有效果、更有效率地学习的科学。尽管有大量关于学习的科学的研究，但迄今为止，大部分研究未能落到最需要的人（譬如教师）手中。

这可能有三个原因：

1. 大多数人不太确定从哪里寻找这类研究。

2. 如果你真的知道去哪里找，则要么必须花很多钱才能阅读期刊，要么必须拥有当地大学的图书与期刊的借阅资格。

3. 即使你能接触到这些研究，其中的一些也很难阅读和理解。例如，下面就是我们非常喜欢的一项研究结果刊载在期刊上的方式：

$$\text{Rating(K)} = \beta_1\ \text{rating}^{(k\text{-}1)} + \sum_{i(k-1)}^{i(k)} \beta_2\ \text{shocks}^{(k)} + \beta_3\ \text{variable term}^{(k)}$$

本书试图解决这些问题。

《学习的科学》面世概况

《学习的科学》诞生的原因是，有大量研究被困在付费门槛后面，难以寻觅，同时显然也就无法转化为实践策略。然而，教育越来越多地受到研究的影响，大家想要了解在不同情况下最有效的方法的愿望明显增强了。

我们的目的是通过提供一些有趣和有用的研究概要，同时总结一些相关研究情况和课堂启示，帮助和鼓励理论走进实践。最重要的是，我们想让研究结果变得通俗易懂，让复杂的事情变得简单可行，让理论主张有实践价值。

那么，《学习的科学》达到目标了吗？这本书被成千上万所学校的老师们读过。我们收到报告说，世界各地的老师都在读这本书，包括英国、印度、澳大利亚和美国。目前还被翻译成汉语、韩语和西班牙语出版。

《学习的科学（升级版）》呼之欲出

那么，为什么要推出本书呢？学习的科学从来不会停滞不前。我们理解如何帮助学生取得最佳学习效果的因素是不断进化和发展的。每天都有令人着迷的新研究产生，我们是想让读者进一步开拓视野。

本书包括来自英国、美国、中国、新西兰、加拿大、日本、澳大利亚、德国、西班牙、法国、荷兰、比利时和以色列等国研究人员的研究。希望你和我们一样觉得这些研究成果有趣、有益和令人深思。我们选择的一些研究是有代表性的：有些古怪独特，有些规模颇大，有些样本小众。本书升级版包括一些非常久远的研究，但许多是新近发现。有些研究跟踪学生超过40年，而有些研究只要一天就能搞定。这些研究的共同点是能帮助我们描绘一幅有关学习的科学之画卷。

《学习的科学（升级版）》期待效果

我们在《学习的科学》的开头引用了苏格兰诗人安德鲁·兰格（Andrew Lange）的话，“有些人使用统计数据，就像醉汉使用灯杆一样——是为了提供支撑而不是照明”。我们认为心理学研究论文亦是如此。我们对人如何学习的理解在不断深化——新的研究不断发布，一些旧的研究无法被复制。我们所“知道”的不是固定或静态的东西。因此，本书代表了我们当前对心理学研究的认识。

我们希望这一新的版本被视为教师进行高质量讨论的出发点，这将推动课堂的真正变化。作家、人类学家和电影制作人卓拉·尼尔·赫斯顿（Zora Neale Hurston）说过：“研究是将好奇心定型。这是有目的的探究和侦察。”如果升级版的《学习的科学》成为引发辩论、讨论，甚至产生分歧的基础，那么我们会很高兴。

我们知道，没有什么东西在任何地方或任何时间都有效。但是，以研究为平台，讨论我们为什么要做我们所做的事情，以及我们认为什么最适合学生，这将构成一个健康的教育环境。如果我们始终进行这样的探究，所有的学生都会受益无穷。

本书写作特点

这本书和大多数其他书不一样。除了陈述学习的科学的发现，我们对本书的设计也反映了这些发现。例如，按照第4项研究中的建议，我们调整了主题的顺序。我们将图片和文字结合起来（第41项研究），并在大部分研究前，提出关键问题（第69项研究）。

本书的每一项研究均分属于以下7个类别之一：

◇ **记忆**：提高学生记忆力的策略。

◇ **心态、动机和心理弹性**：如何提高毅力、持续努力和改善态度。

◇ **自我调节和元认知**：帮助学生清晰、有益、持续地思考。

◇ **学生行为**：关键的学习习惯和过程会产生有意义的影响。

◇ **教师态度、期望和行为**：影响学生学习的重要课堂练习。

◇ **家庭教育**：父母所做的基本选择、决定和行为，如何影响孩子的学习。

◇ **思维偏见**：避免正在妨碍学习的错误思维习惯。

The Science Of Learning

研究

1 • 记忆

研究概况

2013年，来自肯特州立大学、杜克大学、威斯康星大学和弗吉尼亚大学的研究人员发表了一份综述，探索了数百项研究中，哪些策略对长期学习最有效。

主要研究结果

1. 两种有效改善长时记忆的方法

提取练习：学生必须给出问题的答案，包括历届试题、多项选择题或模拟简答题。

分散练习：又名为“间时练习”；将学习任务分为几个时段去做，时段之间保持一定的时间间隔，不能一次搞定（比如临时死记硬背）。更重要的是，当学生分散学习任务，通过多个时间段重温同一份学习资料时，能够记住更多。

2. 两种比较有效的方法

精细探询：问自己：“为什么这是正确的？”或者“为什么可能是这样？”这有助于学生对学习材料进行思考，建立与已知信息的联系。

交叉练习：交叉练习将不同类型的问题混合在一起，避免学生将时间“固定”在同类问题上。

3. 两种相对无效的方法

标记重点/画线：尽管对于很多学生来说，这是他们的“首选武器”，但是在学习材料上标记重点的方法往往难以导向长期学习。

重读：尽管学生熟悉读过的整章内容，会认为自己学到了东西，但这个方法却不如他们想象的那么有效。

相关研究

来自世界各地的众多研究者都通过研究佐证了上述结论。为了使提取练习最有效，必须在“低风险”的情况下进行，也就是说练习不会增加学生的压力水平，也不作为考量学生能力的依据。我们尚不明确分散练习的最佳时间间隔，这也是目前研究的重点。

有证据表明，很多学生实际上更喜欢使用效果较差的学习策略。例如，一项研究（见本书第22项、第88项研究）发现，相比于测验、考试这些更有效的策略，学生更倾向于认为简单地重读核心材料更有帮助，尽管这最终会导致较低的考试成绩。同样，很多学生还在使用一边听音乐一边复习的方法，尽管这个方法并无用处（见本书第17项研究）。

课堂启示

教师如何运用这些发现呢？这取决于学生和学科的特点。可以通过一节课开始或结束时的小测验来运用测试效果。同样，在取消模块化考试的教育体系中（比如英国），分散练习也很重要，所以重温以前的话题更为重要。

对于教师来说，重要的是我们要教学生什么策略是有用的，什么是无用的。学生在标记重点或重读上每花一分钟，就相当于浪费了60秒的有效学习时间。

正如本项研究的作者所说：教师将重点放在教授内容和训练学生批判性思维技能上，而很少花时间教学生发展指导学习的有效方法和策略……教学生使用这些方法不会占用教学内容太多时间，如果在多个内容领域持续教授这些方法，学生就可以广泛地体验到它们对学习和班级成绩的影响，这可能是最有益的。

参考文献：Dunlosky, J., Rawson, K. A., Marsh, E. J., Nathan, M. J., & Willingham, D. T. (2013). Improving students' learning with effective learning techniques: Promising directions from cognitive and educational psychology. *Psychological Science in the Public Interest*, 14(1), 4–58.

2 · 愿望和期望

研究概况

愿望和期望是不一样的。前者是你希望发生的事情，而后者是你预期会发生的事情。很高的愿望与期望对学生的表现有多大影响呢？告诉一个学生要“敢上九天揽月”，会让他更有可能心想事成吗？

布里斯托尔大学的研究追踪了640多所学校的770名学生，研究愿望与期望是否会影响其普通中等教育证书（GCSE）的考试成绩，以及是否会继续申请大学。

主要研究结果

1. 大部分学生（58%）既有高愿望，也有高期望。

2. 低愿望与低期望的学生在GCSE考试中的成绩最差，相比之下，有较高愿望与较高期望的学生平均多出2个A*到C等的普通中等教育证书。

3. 有高愿望和低期望的学生往往会导致低成就。这些学生在GCSE考试中获得低于5个A*到C等成绩的可能性是那些既有高愿望又有高期望的同龄人的两倍。

4. 在学生九年级时，与不期望孩子上大学的父母相比，期望孩子上大学的父母，其子女上大学的可能性是前者的5倍。

相关研究

后续的研究发现，大多数针对学生愿望的干预行为对提升其学业成就效果甚微。有远大抱负却无法实现，会导致学生怨恨、沮丧和社交回避。

该研究对高期望与高愿望相结合的正面影响和预测力非常乐观。研究发现，在测验中，对自己有较高期望的学生有信心正确回答更多问题。研究表明，在一学年或新项目开始前，学生有较高的期望是最有益的，因为此时学生不带任何负面的先入为主的想法，能够促使他们去实现期望。

在相关领域有一项有趣的研究，着重探索了家长与教师的期望对学生成绩的影响。大部分案例表明，这有助于提高学生的成绩（见本书第9项、第11项研究）。但请注意：如果期望过高或不切实际，则可能增加学生的压力和焦虑（见本书第33项研究）。

课堂启示

这一研究表明，高愿望与高期望是很重要的。然而，试图干预所有学生，可能不会成功，因为学生中很多人已经拥有了高水平的愿望与期望。在所需投入的时间、精力与成本方面，选择那些有低愿望与低期望的学生来制定干预计划，可能会有更好的效果。

对于已经有高愿望但期望较低的学生来说，我们还需要另一个方法。如这项研究的作者所说，另一种方法就是与已经有高愿望但低期望的学生合作。

研究数据表明，政策制定者、教师和其他专业人士应该鼓励学生提高并保持高水平的愿望。不过，应该为学生，特别是来自贫穷和弱势家庭的学生，培养必备的技能，以加强其高水平的愿望。

这些技能包括任何有助于激发远大抱负、提高成绩的技能。包括元认知、自我调节和有效记忆策略，如分散练习、提取练习和教授他人（见本书第42项研究）。

参考文献：Khattab, N. (2015). Students' aspirations, expectations and school achievement: What really matters? *British Educational Research Journal*, 41(5), 731–748.

3 • 计划谬误

研究概况

计划谬误的理念认为，大部分人会低估完成任务需要的时间。为了验证这一点是否适用于学生，研究者提出了一系列不同类型的课堂任务和活动，请学生预估完成任务所需的时间。然后分析学生预估时间的精准度，并观察在何种情况下最有可能达到预期。

主要研究结果

1. 学生完成任务的平均时间超过55天，而预估的平均时间为34天，其中超过70%的学生完成任务的时间超过自己的预期。

2. 学生完成任务的时间大于预期值，这与任务本身的性质无关，无论这是一项学术作业，还是日常活动，如打扫公寓或修理单车，学生完成任务的时间都大于预期。

3. 在精确预估出任务时间的学生中，58%的人会花时间积极回忆过往的类似任务。没有使用这一技能的学生只能保证29%的时间精准度。

4. 给任务设定一个截止日期更有可能让学生按时完成任务，但不要让他们自己设定。

5. 在进行预测的时候，学生更有可能想到未来的进步，而不是可能出现的困难。

相关研究

曾有许多研究探讨设定目标和期限的重要性（见本书第95项研究）。目标的设定能够帮助学生集中注意力、拒绝干扰、增强职业道德与毅力。同样，研究表明，定期设置截止日期能够帮助学生在整个学年合理管理自己的时间和精力，提高整体成绩（见本书第56项研究）。这是因为，截止日期离你越远，就越不容易影响注意力，进而会分散精力，导致效率降低。

其他帮助人们更好地管理时间的研究则围绕着尽量减少拖延症。流行的策略是只做几分钟的任务，因为实际上开始一个新项目就已经是成功的一半。其他的技能还包括提高自我调节能力，这样学生就不太可能分心；还有在一天的早些时候做那些艰难而重要的任务，因为这时的他们可能比深夜更有精力。

课堂启示

随着学生年龄的增长，独立学习变得越来越重要。很明显，管理时间，以及精准预估不同任务所需要的时间是独立学习所需要的重要技能。

这项研究的结果表明，教师可以做两件关键的事情来更好地帮助学生作出更准确的预测。第一步是将任务分解，并定期为其设定较短的期限。第二步是帮助学生将之前完成的类似任务进行清楚、明确的比较。帮助学生找出任务之间的相似之处，区分不同之处，以及反思完成这些任务所花费的时间，这些都有助于改善计划时间。

研究人员提醒，“人们似乎了解了过去，但注定要重蹈覆辙”。在帮助学生从以前的错误中吸取教训方面，老师可以发挥关键作用。事实上，研究人员表示，“如果把过去的完成时间考虑在内，个人会做出更现实、更准确的预测”。然而，只有当参与者的回忆是有效的，并且现在的任务与回忆中的任务相似时，预测的改进才会发生。教师的作用就是在这方面为学生提供指导和观点。

参考文献：Buehler, R., Griffin, D., & Ross, M. (1994). Exploring the “planning fallacy”: Why people underestimate their task completion times. *Journal of Personality and Social Psychology*, 67(3), 366.

4 · 间隔学习

研究概况

研究人员设计了一项实验来研究复习之间的最佳休息时间。

他们让1354名学生学习32个偏僻但真实的冷知识，包括“谁发明了雪地高尔夫？”以及“哪个欧洲国家吃的墨西哥菜最辣？”这样的问题，之后把参与者分成26组，每组在下一次复习前和期末考试前的间隔时间都不一样。然后，研究者比较了参与者在期末考试中的正确答题数，以确定学习的最佳间隔时间。

主要研究结果

◇ 间隔学习比填鸭式的学习更有效。

◇ 复习前的最佳间隔时间取决于你想要记住这份材料多长时间。

◇ 考试离你越远，复习的间隔时间应该设置得越长。

研究者发现下面的时间可以提供一个很好的指导：

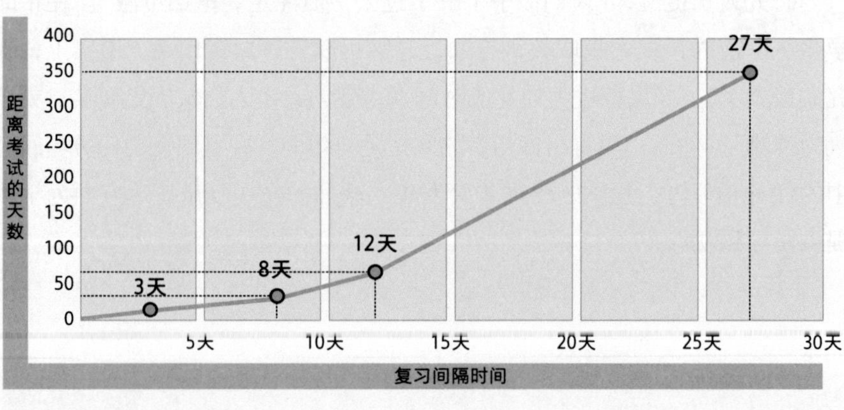

相关研究

“间隔效应”是认知心理学中最持久的发现之一。1885年，德国心理学家赫尔曼·艾宾浩斯（Hermann Ebbinghaus）首次详细描述了这一现象。艾宾浩斯发现，如果人们对某些知识只学习一次，往往会忘记其中的大量信息。这就是学生们遭遇“暑假学习大滑坡”的部分原因（见本书第94项研究）。从那以后，不断有研究证明间隔学习的力量（见本书第66项研究）。这是一种有效的技能，因为它给了人遗忘和重新学习的时间。这个过程可以帮助学生将知识转化为长时记忆。

一些研究表明，使用间隔时间代替临时抱佛脚会导致10%–30%的期末考试成绩差异。这一发现是基于一系列学习任务的研究之上的，包括记忆关键词、冷知识，以及解决复杂的数学问题。

由于与其他研究建议的学习间隔略有不同，本研究中列出的学习间隔仅供参考。本研究的研究者认为：“简单地说，如果你想知道自己学习时间的最佳分配，需要决定你希望记住它多久。”根据经验，在你越接近于忘记某一信息的时候（在它完全从你的大脑中消失之前），就越有可能从复习中获益。

课堂启示

对学生来说，记忆和回忆大量信息的能力变得更加重要。教师可以将学习材料间隔开并通过定期复习来帮助学生提高长时记忆。正如演员不会把排练留到演出开幕的前一天一样，运动员也不会只在比赛前一天进行训练，学生也应该定期复习之前学过的内容。

这项研究的作者指出，这“与许多传统的教育实践不一样——例如，限定单一主题的研究在某一课程的某一周内”。要记住某件事，需要时间和重复。这是学生在制定复习时间表时要仔细考虑的问题，学习“什么”是重要的，“什么时候”学也很重要。

参考文献：Cepeda, N. J., Vul, E., Rohrer, D., Wixted, J. T., & Pashler, H. (2008). Spacing effects in learning a temporal ridgeline of optimal retention. *Psychological Science*, 19(11), 1095–1102.

5 • 成长型思维模式

研究概况

9–12岁的学生完成了一项解决问题的游戏，随后他们得知自己答对了80%的问题。他们中的一部分人得到了天生聪明的夸奖，而另一部分人则得到了努力工作的表扬。研究者研究学生的感受、想法，以及他们在后续任务中的表现。

主要研究结果

1. 在后续的任务选择中，因为智力受到肯定的学生更有可能选择他们认为能让自己显得聪明的任务。因为努力受到肯定的学生则倾向于选择帮助自己学会新事物的任务。

2. 与努力受到肯定的学生相比，因为智力受到肯定的学生表示没有那么享受任务。

3. 与努力受到肯定的学生相比，智力受到肯定的学生不太可能坚持自己的任务。

4. 智力受到肯定的学生在未来的学习任务中成绩下降，而努力受到肯定的学生则会有进步。

5. 在智力受到肯定的学生中，86%的孩子会询问同伴在同一任务中的表现。在努力受到肯定的学生中，只有23%的孩子会询问同类问题，他们中的大部分人会询问如何可以做得更好。

6. 在智力受到肯定的学生中，38%的孩子会对自己完成任务的数量撒谎。在努力受到肯定的学生中，只有13%的孩子会撒谎。

相关研究

自这项研究以来，许多不同的研究人员研究了成长型思维模式的影响。有些人（当然不是所有人）发现，拥有成长型思维模式的人能够取得更好的成绩。这种效应似乎尤其适用于那些曾经学习困难但非常努力的学生。研究表明，除了考试成绩，成长型思维模式还有很多其他好处，包括更好地应对转换过程（见本书第68项、第88项研究）、更高的自我调节能力、坚韧和积极的社会行为以及使用更有效的复习方法（见本书第88项研究）。

关于成长型思维模式的研究，还有一个吸引人的部分就是它与心理健康相关的好处；有证据表明，拥有成长型思维模式的人攻击性较小，自尊心较强，抑郁和焦虑症状较少。

课堂启示

这项研究强调了我们如何提供反馈的复杂性和重要性。过多的赞扬会导致自恋行为，并创造一种低期望的文化。诸如“你真聪明”或“你一定很有天赋”这样的赞美，其问题在于，它并没有告诉学生，未来要做什么才能成功。通过表扬他们的努力或他们使用的策略，我们能给学生一个下次可以效仿的行为模板。

来自哥伦比亚大学和斯坦福大学的研究作者评论说："这类智力得到肯定的孩子，会把重心放在通过行为表现证明自己上面，当他们遇到成绩上的挫折时，他们很可能消极应对。”这样的研究让我们怀疑称某些学生“有天赋和才能”这一做法的价值，因为这对他们来说意味着是天赋和才能使他们成功，而不是他们的做法（见本书第10项研究）。有趣的是，有证据表明，这种表扬也会增加学生作弊的可能性，因为学生要保持这种聪明的名声（见本书第57项研究）。

在急于接受成长型思维模式的过程中，有时研究背后的信息要么被淡化为“成长型思维模式只关乎努力”，要么被转变为“任何人都可以做任何事”。这两种说法都不准确，也不会有任何帮助。成长型思维模式是关于一个人如何学习和提高的信念。

参考文献：Mueller, C. M., & Dweck, C. S. (1998). Praise for intelligence can undermine children's motivation and performance. *Journal of Personality and Social Psychology*, 75(1), 33.

6 • 预测未来行为

研究概况

某一年春天，康奈尔大学开展了连续四天的水仙花促销活动。所筹得的款项都将捐赠给美国癌症协会。为了促销，校园里摆满了水仙花，学生购买方便，价格也不贵，他们也非常了解本次活动的慈善目的。

在开展促销活动的一个月前，研究者调查了251位学生，询问他们是否计划购买水仙花，如果购买，将会购买多少。在活动开展后，研究者再次调查这些学生，确定其最终购买数量。

主要研究结果

1. 水仙花促销活动之前

83%的学生表示会去购买。允诺购买的数量为平均每人2支水仙花。有趣的是，这些学生认为自己比同学更有可能购买水仙花。

2. 水仙花促销活动之后

在活动之后，研究者询问同一批学生，发现只有43%的学生真正购买了水仙花。他们购买水仙花的数量也低于预期，人均购买量为1.2支，低于预测的2支。

3. 我们为什么不擅长预测自己未来的行为？

也许在预测未来行为的时候，我们更倾向于以一种乐观的想法来分析自己和目前的情形。我们不太可能精准地分析可能遇到的困难和所需要的努力。这就意味着学生对功课的意图可能是好的，但不一定总能将美好的愿景转化为行动。

相关研究

其他研究已经证实，人们非常不擅长预测未来，尤其是预测那些会让我们更快乐的行为（见本书第86项研究）。有证据证明，如果要做出准确的预测，我们应该取一个群体的平均值。这就是所谓的“群体智慧”。对一个群体进行调查并取平均值有助于减少自私的偏见，去除极端的异常值。

如果要把良好的意图转化为行动，那么为行为改变创造一个有效的环境似乎是一个有效的方法。这意味着：尽量减少可能导致拖延的干扰，增加自主性，通过让事情变得有趣、掌握任务或创造一种目的感来挖掘内在动机。经证实，这些都有助于促进积极改变。

课堂启示

所以，如果学生不能很好地预测未来的行为，我们如何才能在课堂上给予积极支持，这对学生们，尤其是当他们长大后成为一个独立的学习者尤为重要。除了有保留地对未来进行预测之外，更重要的是要记住这些失败的预测不一定是由学生撒谎引起的——在这项研究中，学生真的相信他们会买很多水仙花。

关键是要利用学生的精力，规划其可能面临的障碍，以及该如何克服这些障碍。谈论可能会出现的问题并不是消极的，只要能在之后有建设性地讨论在这种情况下该怎么做。这种“如果是这样，那我就那样做”的模式是一种微妙而有力的策略，有助于将良好的意图转化为实际的行动。

参考文献：Epley, N., & Dunning, D. (2000). Feeling “holier than thou”: Are self-serving assessments produced by errors in self-or social prediction? *Journal of Personality and Social Psychology*, 79(6), 861.

7 • 教师思维模式

研究概况

研究人员开展了一系列研究探索教师思维模式对学生的影响。研究者请见习教师想象，如果有一位学生在数学考试中得到低分（65%），见习教师会如何看待学生的能力，如何回应这位学生。研究者根据见习教师的反馈设定情境，询问学生的感受。

主要研究结果

1. 与有成长型思维模式的老师相比，固定型思维模式的教师有1/3以上的可能性会将考试成绩差归因为学生数学学科的能力不足。

2. 有固定型思维模式的教师更有可能对这些学生采取一种以安慰为主的方法，让他们感觉好一点（例如，“别担心，不是每个人都能学好数学的”）。

3. 有成长型思维模式的教师更有可能对这些学生采取一种以策略为主的方法，包括教会学生一些切实可行的提升方法，在课堂上提问，帮助学生操练。

4. 从教师那里听到安慰的学生其实是非常沮丧的，这些话表明的是教师对学生能力的不认可。这样的做法会降低学生的动力，因此学生会预测自己在下次测验中只能拿到65%的成绩。

5. 从教师那里得到策略指导的学生能提升学习动力，会预测自己通过这些策略在下次测验中能够取得80%左右的成绩。

相关研究

令人惊讶的是，关于成年人思维模式对学生影响的其他研究并不多。英国的一项实验发现，向老师传授“成长型思维模式”对学生的成绩几乎没有影响，不过最近美国的一项实验却发现了积极的影响。

另一项研究（见本书第16项研究）发现，父母是固定型思维模式或成长型思维模式，对孩子的表现几乎没有影响。更重要的是父母对失败和挫折的反应。人们并不总是能看到他人的思维模式。要准确猜测一个人的信念是很困难的，更容易看到的是他们的行动。

很显然，老师的情况亦然。学生可能无法准确推断老师的思维模式，但可以准确评估其行为。一个学年就像过山车一样，由学生们的起起伏伏组成。教师如何应对学生的低潮将影响其学习动力和看待自己的方式。成长型思维模式似乎很重要，但只有它可能还不够，更重要的是行动。

课堂启示

对所有学生都有进步的高期望是良好教学的核心。尽管出发点是好的，但这种以安慰为主的、告诉学生“不是每个人都能学好数学”的方法似乎弊大于利，因为这传递了一种低期望的感觉，暗示学生将永远受困于自己的低能力。这个典型案例说明了老师所说的和学生所听到的之间的区别。

教师的思维模式决定了其教学实践，反过来又会影响学生看待自己的方式。如果你想加快这一进程，一些方法可能会对教师有所帮助，例如注重策略、提供逐步指导等。没有什么比掌握了以前学不到的东西更能让学生快乐了，从短期来看，专注于策略的指导可能比安慰的方法更痛苦，但从长远来看，这样做是值得的。

参考文献：Rattan, A., Good, C., & Dweck, C. S. (2012). “It’s ok – Not everyone can be good at math”: Instructors with an entity theory comfort (and demotivate) students. *Journal of Experimental Social Psychology*, 48(3), 731–737.

8 · 青少年和社交反思

研究概况

对于学生来说，在学校学习、生活的同时还要度过青少年时期是一个真正的挑战。为了测试学生是否比成年人对社会排斥的免疫力更低，研究人员在2010年进行了一项非常有吸引力的研究。

研究者让年轻的青少年、年长的青少年和成年人一起玩一个电子游戏。在虚拟的线上房间里，参与者是三名玩家之一。在参与者不知情的情况下，另外两名玩家实际上是按既定程序玩的自动机器人。一开始，另外两个机器人会把球扔给参与者。其他时候，则会把参与者排除在外，只是互相玩。研究人员随后比较了参与者的想法和感受。

主要研究结果

研究者发现在社交上遭到拒绝让三个群体的人都感到难受。然而，研究也发现，在同伴群体中遭遇排斥会产生下列影响：

1. 年轻的青少年、年长的青少年的感受要比成年人的感受差很多。

2. 两类青少年在情绪上的变化要大于成年人。

3. 年轻的青少年忧虑感增幅最大。

4. 年长的青少年通常比成年人的自尊心更弱。

相关研究

这项研究的作者来自伦敦大学学院和普渡大学，他们认为这一发现“表明青少年对排斥非常敏感”，并指出这“与之前的研究一致，即社交焦虑在15岁时达到顶峰”。这种影响在少女身上尤为明显，一项研究发现，她们在青少年时期的自尊心明显下降。

我们现在对青少年大脑的了解比以往任何时候都多。它的结构和功能与成年人的大脑不同。其他研究认为，与成年人相比，青少年更容易冒险、需要更多睡眠、难以解读情绪、自控力也更差。尽管我们都容易受到同辈压力的影响（见本书第73项研究），但证据表明，与成年人相比，青少年更容易受到群体的影响，在朋友的陪伴下更容易做出错误的决定。

课堂启示

一个人只有在学校的时候，身边才会有那么多的同龄人。如果青少年对社会排斥比成年人更敏感，那么青少年时期的学校生活对他们来说就像走钢丝一样棘手。过度的压力会阻碍学习，影响注意力和记忆力。这意味着操场上发生的事情（放学后社交媒体上发生的事情也一样）会影响课堂效果。因此，我们要明确地教授学生策略，帮助学生管理自己的焦虑和挫折，包括诸如自我谈话（见本书第53项研究）、深呼吸、重新聚焦和思维重构等技能。

这项研究的有趣之处还在于，它发现了青少年和成年人的不同反应。这说明，两类人在经历同样的事情时，会有截然不同的反应。这并不意味着青少年在遭遇社会排斥时的反应是过度的。在其人生的这个阶段，社会地位十分重要。在同情青少年的同时，正确地看待最近发生的小事，在两者之间找到平衡是至关重要的。

参考文献：Sebastian, C., Viding, E., Williams, K. D., & Blakemore, S. J. (2010). Social brain development and the affective consequences of ostracism in adolescence. *Brain and Cognition*, 72(1), 134–145.

9 · 高期望

研究概况

研究人员告诉老师：班上有些学生是潜在的高成就学生，而且将在一年中不断成长。实际上，这些学生是随机挑选的。在学年结束时，研究人员又回去了解这些学生的学习情况。

主要研究结果

1. 与对照组相比，被选中的学生在一年中更有可能在学业成绩上取得更大的进步。研究者认为这是因为老师对这些学生有了高期望，学生也一直在调整自己的行为。

2. 这种预期优势在年龄较小的学生中最为明显，与对照组的同龄人相比，7–8岁的学生拥有10岁孩子的言语智商。

3. 学生过去的成绩和能力不会影响其从老师的高期望中获益多少。能力低和能力高的孩子都相应地有所获益。

4. 男学生在言语智商方面得到了发展，而女学生主要在推理智商方面得到了发展。

相关研究

在希腊神话中，著名的雕刻家皮格马利翁（Pygmalion）爱上了他雕刻的象牙少女像。爱神阿佛洛狄特（Aphrodite）被他执着的爱打动了，于是把这个雕像变成了一个真正的少女。皮格马利翁效应（Pygmalion Effect）告诉我们，向一个人传递积极的期望，会促使这个人进步得更快，发展得更好。

“戈莱姆效应”（Golem Effect）与“皮格马利翁效应”相反，它是一种消极期望效应。它描述的是教师对学生的低期望既可能导致学生表现出自我设限行为，也可能出现自我实现预言，也就是说学生的失败是因为自己或者老师不相信他们会成功。

我们很有必要区别“愿望”和“期望”两个概念。愿望是想要别人做得更好，期望传达的是认为别人会成功的可能性。研究表明（见本书第2项研究），有高愿望但低期望的英国学生，在普通教育证书考试中取得不好成绩的可能性更高。这是因为学生在拥有雄心壮志的愿望和为实现该愿望而表现出的日常行为习惯之间出现了差距。

课堂启示

没有学生会在教师的低期望中进步。教师对每个学生都要有高期望，再提供必要的支持，这对学生取得成就有很大帮助。正如这一研究的作者所指出的，“当老师期望学生有更大的智力发展时，学生真的会表现出更大的进步”。

教师应该怎样明白地告诉学生自己的高期望呢？可行的策略如下：教师期望所有的学生都能有所贡献。教师坚持高标准、高期望，在学生需要的时候给予帮助，而不是降低对学生的期望。此外，教师要花时间告诉学生你对他们的高期望。教师要告诉学生你相信他们，也会和他们一起努力来实现这些目标。教师的努力会帮助学生提高自己的标准、增强自信。

参考文献：Rosenthal, R., & Jacobson, L. (1968). Pygmalion in the classroom. *The Urban Review*, 3(1), 16–20.

10 • 智商和成功

研究概况

一个儿童的成功与其智商有多大关系？基因能决定成功吗？你能精确地预测将来哪些学生会成功吗？

路易斯·特曼博士曾进行一个有关学生智商的大型纵向研究。在19世纪20年代斯坦福大学研究的基础上，他相信一个人的成功取决于智商。他一直追踪这些学生在学校里取得的成功以及接下来在生活中取得的成就。

他研究的学生总是自称为“白蚁”。特曼博士坚信这些“白蚁”会因其高智商而成为时代的领军人物。这些研究数据每五年更新一次。从结果来看，我们现在知道了更多关于智商的重要性以及其他决定学生校内外成功的因素。

主要研究结果

正如我们所期望的，这些“白蚁”学生在学校里的表现很好。这项研究更有意思的是后续对这些学生的追踪调查。

20年后，特曼博士开始对比“白蚁”学生所从事的职业类型。一些学生成为医生、律师以及大学教师。另一些学生成为档案管理员、警察或是渔夫。特曼博士对于职业领域如此宽泛感到惊讶，他有句评论非常有名，“我们看到了智力和成就并没有完美地结合在一起”。

35年后，特曼博士将100位最成功的参与者（获得A等级）和到了40岁还过得艰辛的人（获得C等级）进行了对比。研究有两项发现：

1. 获得A等级的人的确要比获得C等级的人的智商高（157：150），但是智商值的差异并不显著，高智商之间的小差距对生活中的影响很小。

2. 两组人之间一个重要的差异体现在各自的性格特质上。从其年轻时可以看出，获得C等级的人缺少决心和坚持，而获得A等级的人表现出更多的意志力、坚韧以及超越一切的欲望。

相关研究

这项“白蚁研究”对智商的预测能力作出了深刻见解。其他研究也证实了一个人的智商有很大的遗传成分，并且与其学术表现、创造力、幸福感、未来收入甚至预期寿命息息相关。很显然，智商在我们的生活中有着十分重要的作用。

其他研究也强调了一个人的心态、心理弹性、情商和毅力对成功的影响（见本书第14项研究）。这和学生怎么面对改变、如何战胜挫折、如何处理负面的反馈有关。重要的问题不是“哪个因素产生了影响”，而是“哪个领域有改进空间”“最好该怎么做”。这方面的研究正在进行中，不太可能得到一个明确的答案。

课堂启示

这项研究及其他相关研究（见本书第22项研究）提出了一些有趣的问题：我们有多大把握能预测谁会成功？怎样才能培养出最佳技能来帮助学生更好学习？有证据表明，在小学里，同龄人中出生早的孩子比出生晚的孩子取得更高的成就。我们认为，才能和智力在早期是和年龄相关的。

事实上，考虑到研究者们在预测学生成绩和未来结果上所花费的时间，这种预测是否真的有帮助还需要思量。从好的方面来看，这种预测可以用来跟踪进步，确保学生得到了恰当的支持。但是，预测未来的60秒不是用来帮助学生学习的60秒，因此，我们需要考虑在这些行动中花费的机会成本。

参考文献：Terman, L. M., & Oden, M. H. (1959). *The gifted group at mid-life: Thirty-five years follow-up of a superior group*. Stanford, CA: Stanford University Press.

11 • 父母和成绩

研究概况

在家长会上，经常可以看到家长问老师这样的重要问题："我应该怎么做才能最大可能地帮助我的孩子呢？"研究者回顾了37项关于家长面对学生的成绩时表现出的行为态度所产生的影响的研究。这个研究样本包括8万个学生和家庭。对于什么行为有用和什么行为不起作用提出了建议。

主要研究结果

他们的研究发现了4件有助于家长在孩子中小学阶段提升孩子学习成绩的事情：

1. 较高的学业期待

家长对孩子有高愿望和高期待对孩子的学习成绩影响最大。家长对孩子的期待包括学校的重要性，对老师的态度以及对教育价值的态度。

2. 定期交流

定期交流孩子在学校的学习生活。这有助于帮助家长防患于未然，在大问题产生前，就能消灭潜在的危机。

3. 良好的阅读习惯

这些好的阅读习惯包括经常地、定期地和孩子一起阅读。可以是你读给孩子听，也可以鼓励孩子和你一起读。

4. 作业规则

这些清晰的规则以如何分配家庭作业与休息玩耍的时间为中心。家长对孩子解释这些规则为什么合理，有助于帮助孩子在今后的学习生涯中为自己独立的学习时间做出更好的选择。

通过对比，研究者们发现一些行为并不能对学生的成绩产生显著影响，比如家长参与学校活动、监管学生的家庭作业等。

相关研究

大量研究已经证实了这项研究的发现，特别是关于高期待和重视教育方面（见本书第85项研究）。当这些期待来自家长、老师或是学生自己的时候，将影响学习成绩。

同样地，发展好的阅读习惯和阅读品质能提高词汇、拼写、数学水平和一般学业成就。考虑到阅读的重要性，令人担忧的是，2016年英国国家扫盲基金会（National Literacy Trust）报道只有40%的青少年享受阅读，仅有24%的青少年认为阅读是一件很“酷”的事情。

在写作业时间方面制定清晰规则的研究很有趣，尽管其他研究发现学生自己做作业（比如没有家长的监管下）会做得更好（见本书第67项研究）。这是因为随着年龄的增长，作业也变得越来越复杂，学生需要承担责任，主宰自己的成功。

课堂启示

此项研究的作者指出，“任何关心教育的人都想要了解哪些可塑性的变化对教育表现会产生最大影响。但遗憾的是，最大的影响与管理者或决策者的眼界相关”。在学校中，有多少重要的因素会产生影响呢？我们也许不能决定家长的行为态度，但是可以尽最大的可能去影响他们。

教育家长是一件很重要的事情。家长知道哪些因素能起到作用，哪些是有局限的（比如从自己和孩子的相处经验中得知）。学校和老师在帮助学生取得学业成就方面会有更加宽泛、多样且深入的经验。因此，按理说一所学校的部分角色和责任就是去传递知识。家长会、夜间研讨会和实时通信这些方式有助于帮助学校将这些信息传达给家长。

参考文献：Castro, M., Expósito-Casas, E., López-Martín, E., Lizasoain, L., Navarro-Asencio, E., & Gaviria, J. L. (2015). Parental involvement on student academic achievement: A meta-analysis. *Educational Research Review*, 14, 33–46.

12 • 学生的心理弹性

研究概况

美国第三十任总统卡尔文·柯立芝（Calvin Coolidge）说过：“世上没有一样东西可以取代毅力。才华不会替代毅力，有才华但不成功的人很普遍；天赋不会取代毅力，‘天道酬勤’才成为一句格言；教育不会取代毅力，世界上到处都有受过教育的无业游民。毅力和决心是独一无二、无所不能的。”他或许夸大了心理弹性的重要性，但是帮助学生提高这些技能的愿望十分强烈。但是，心理弹性是可以习得和发展的吗？

心理弹性最初研究的是经历心理创伤事件的儿童，之后被运用于体育界和商界。最新的研究转化到教育领域中。通过采访学生，研究者们证实了3个关键特征，同时在学生机构帮助学生促进发展方面提出了建议。

主要研究结果

研究人员发现了心理弹性的3个关键特征：

1. **判断力**。判断力包括一个人管理情绪的能力，把注意力集中在控制和制定长期与短期目标上。维持判断力对自我反思起到重要的作用，这能让学生应对新的或不适的环境。

2. **保持健康**。保持健康有助于学生在压力下或者遇到困境时得到良好回应。我们可以通过体育活动和加入可以促进社交的运动队来保持健康。确认成功、庆祝胜利以及积极交流有助于提升心理健康。

3. **社交支持**。一个人越是孤立自己，越有可能焦虑，进而做出不好的决定。维护好和朋友、家人、老师的关系既有助于学生在遇到挫折时得到安慰，也有助于战胜困难。

最后，这项研究也关注到学术机构能做的改善学生抗逆环境的事情。研究发现，帮助学生在安全的环境中经历失败，并从失败中吸取经验教训，针对应对策略提供高质量的反馈，关注下一步的操作，以及参加课程外的活动，这些都有助于提高其抗逆力。

相关研究

这项研究支持了现有的研究，即毅力既可以由个人发展，也可以由其环境促进（见本书第62项研究）。最近的一篇研究综述（见本书第39项研究）强调了环境要促进学生的毅力发展，需要高度的挑战和支持。太多的挑战和没有支持会导致过度的压力、倦怠和孤立。太多的支持而没有足够的挑战会导致自满和无聊。

有助于提高学生心理弹性的其他策略还包括：对于新的经历持开放包容的态度、积极乐观、将决定视为积极的选择而不是损失，以及把注意力集中在发展人的某项技能而不是和别人进行比较上。另外，将挫折视为学习的机会，对自己的想法和感受负责也有助于提高心理弹性。

研究还表明，挫折和挑战不总是坏事（见本书第74项研究）。经历过逆境的人在将来的压力环境下比捧在手上、含在嘴里、精心保护着的人表现更好。经历失败也会产生更多的同理心、动机和决心。

课堂启示

这项研究的作者指出，“失败是学习的一部分，但其相关的内涵可以重构为学习的机会”。许多学生认为：

错误=坏事=不惜一切代价去避免

我们不可避免地要帮助学生理解错误和挫折，然后给学生一些利用这些错误的策略，可以帮助学生增强心理弹性。

我们花时间和学生交流，告诉他们应该如何去保持身体和心理健康。这样会有助于他们日常蓄能，掌握更多的能量和技能，在困难时期找到方向。同样，教学生自我反思和如何设计正确的目标等技能也有助于学生提升心理弹性。

参考文献：Holdsworth, S., Turner, M., & Scott-Young, C. M. (2017). Not drowning, waving. Resilience and university: A student perspective. *Studies in Higher Education*, 1–17.

13 • 棉花糖实验和自我控制

研究概况

假设我给你一块棉花糖，并告诉你如果你15分钟以后吃，我就会给你两块棉花糖，你会这么做吗？在19世纪70年代初期，研究者向92名3–5岁的孩子问了这个问题。最初的研究和20年后的跟进研究永远改变了我们对自我控制的看法。

老师们很有必要知道这个研究。首先，这个实验很简单，你可以自己去模仿做这个实验。其次，这是一个跨度很长的研究。我们需要追踪这些做实验的孩子很多年。最后，这是心理学上最有名的研究之一，它作为主要内容出现在很多心理学和教育学的书中。

主要研究结果

当研究人员让学生在马上吃了棉花糖和等一会就可以吃两块棉花糖中做选择时，不会控制自己的学生会马上吃掉这个棉花糖。

另一些学生能够等待并且延迟满足，最后就可以吃到一块额外的甜甜糯糯的棉花糖。

那些更会控制自己欲望的学生使用了一些有效策略，比如通过想一些其他有趣的事情来转移注意力、闭上眼睛或者坐在自己的手上。

在后续的研究中，研究者发现那些在他们小时候等棉花糖的时间越长的学生，长大后更容易出现以下特点：

人们拥有延迟满足的能力会影响将来的发展，我们可以预见个体差异。“人们的自控力在追求长远目标的过程中起了关键性的作用。发展一个人的自我约束能力和同理心对于构建相互关心、相互支持的关系十分必要。”

相关研究

后来的研究者关注了导致孩子要立刻满足的原因，以及为什么其他孩子愿意等待。一些研究者认为这是因为大脑的区别。需要立刻得到满足的孩子大脑前额叶的活动较少（这部分与做出清醒的决定和冲动控制相关），而在大脑的腹测纹状体中的活动较多（这部分与成瘾行为相关）。

其他一些研究者认为这可能和信任相关。一项不一样的研究结果表明，如果小孩子不相信等待之后会得到第二块棉花糖，则更有可能会吃了第一块棉花糖（见本书第31项研究）。这项研究隐含着一些有趣的暗示：学生可能认为学校、老师或家长是不值得信任的（见本书第81项研究）。

最后，其他研究者提出，直接吃了第一块棉花糖的学生不是因为缺乏自控力，而是因为他们表现得很有逻辑性。如果你在资源有限的条件下长大，会把立刻拿走奖励当作一个机会，因为担心未来会失去这个机会。最近的一项研究似乎支持了这一观点，该研究指出，一个孩子的背景和环境比他们在棉花糖任务中延迟满足的能力更能预测未来的结果。

课堂启示

学校是一个大型棉花糖测试吗？伴随着持续增多的干扰（不仅仅包括手机等），人们提升自我控制能力和延迟满足的能力已经成为一个高级技能了。这可能并不让人惊讶，伦敦经济学院近期做的一项研究表明，学校禁止使用手机后学生的考试成绩有所提高（见本书第49项研究）。

人们认为成熟是指思考某事和决定去做某事之间日益增长的差距。青少年时期大脑的发育意味着减少感觉盲从和改善冲动控制这两方面的发展。同样，消除诱惑、讨论关于如何提高自控能力和延迟满足，以及为什么学生应该这样做，都是一个好的开始。

参考文献：Shoda, Y., Mischel, W., & Peake, P. K. (1990). Predicting adolescent cognitive and self-regulatory competencies from pre-school delay of gratification: Identifying diagnostic conditions. *Developmental Psychology*, 26(6), 978.

14 • 思维模式和目标意识

研究概况

这项研究探索的是如何教育学生发展成长型思维模式（比如，我会变得越来越好）和目标意识（比如，为什么我应该在意我正在做的事情）。研究者探索了在干预措施可以扩展的前提下，这些干预会产生什么影响，以及哪些类型的学生能从中获益。

这项研究调查了13所不同高中的1594名学生。研究人员将学生分配到控制组，一组接受成长型思维模式干预，一组接受目标意识干预，还有一组同时接受成长型思维模式和目标意识干预。

这些简单的干预通过网络进行。成长型思维模式干预包括一个45分钟的在线会议。会议内容包含大脑是如何发展的，学生如何通过学习和练习变得越来越聪明，以及让他们在写给另一名学生的信中总结关键发现。目标意识干预小组让学生解释，怎样在学校里表现才可以帮助他们达成有意义的目标。这些目标可以是对世界产生积极的影响，也可以是让家人感到骄傲。

主要研究结果

1. 经过成长型思维模式干预的学生在成绩上有明显提高。

2. 经过目标意识干预的学生在成绩上也有明显提高。

3. 经过成长型思维模式和目标意识干预的学生更可能在英语、数学和科学科目上完成课程学习。

4. 以上发现中的学生曾经被认定为学习困难或有面临退学的风险。

5. 成长型思维模式和目标意识的干预都是可扩展的，也就是说可以在线上对更多的学生进行干预。

相关研究

一项有趣的研究（见本书第47项研究）给学习一门新外语的学生创造一种目标意识。第一组学生并没有被告知学习外语的原因。第二组则被研究者告知应该努力学习，因为研究者对他们的期待很高。研究者告诉第三组学生在学期结束会有一个测试，并告诉最后一组学生学习这门外语是为了将来的工作。结果如何呢？得知学习目的的学生更加努力、更加专注地学习这门课。

同样，一些研究发现发展学生的成长型思维模式对学习困难的学生或是存在退学风险的学生有帮助。一些研究的样本超过了10万名学生，其结果是可以信赖的。其他和成长型思维模式相关的优势包括：能更好地处理变化、坚持更久、自我管理、幸福感、毅力以及对自己生活有掌控感。

课堂启示

这项研究作出了一项清晰的课堂启示：我们可以简单快速地培养学生的成长型思维模式和目标意识。我们鼓励学生去反思该如何努力学习才能帮助自己实现未来的目标，通过这一方式，培养学生的目标意识。当这些目标涉及其他人或者是让世界变得更美好时，这个目标意识就显得格外真实。可以让学生从完成下面的句子开始："在学校里表现好可以帮助我实现目标，这是因为……"

课堂也是一个发展学生成长型思维的好地方。教师对学生有高期待是有帮助的。每个学生都能获得帮助其发展的、想要发展的一系列策略。最后，帮助学生理解错误可以是一个有用的学习曲线（learning curve），并以自己的高标准来衡量成功，而不是拿自己和别人比较，这将成为鼓励成长型思维模式的文化。

参考文献：Paunesku, D., Walton, G. M., Romero, C., Smith, E. N., Yeager, D. S., & Dweck, C. S. (2015). Mind-set interventions are a scalable treatment for academic underachievement. *Psychological Science*, 26(6), 784–793.

15 • 间隔和交错

研究概况

学生回答问题的顺序和时间对他们的知识掌握情况有多大的影响？每次投入时间较少但频率较高的间隔学习比集中时间临时抱佛脚要好吗？将多种问题混合在一起的交错学习比块状学习要好吗？

在第一项研究中，研究者探索在一周的课程中，间隔复习数学和集中复习数学之间的差异。第二项研究探索的是将同一种数学问题进行分类复习和将各种不同问题混在一起交错复习之间的差异影响。

主要研究结果

1. 在最终测试中，进行间隔复习的孩子取得了平均74分的成绩，而集中复习的学生的平均分是49分。

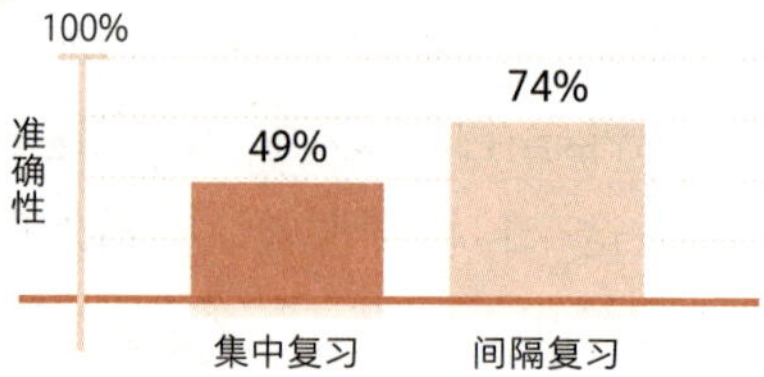

2. 经过一周的复习，将不同类型问题交错复习的学生取得了平均63分的成绩，而将同一种类问题一起复习的学生取得的平均分是20分。

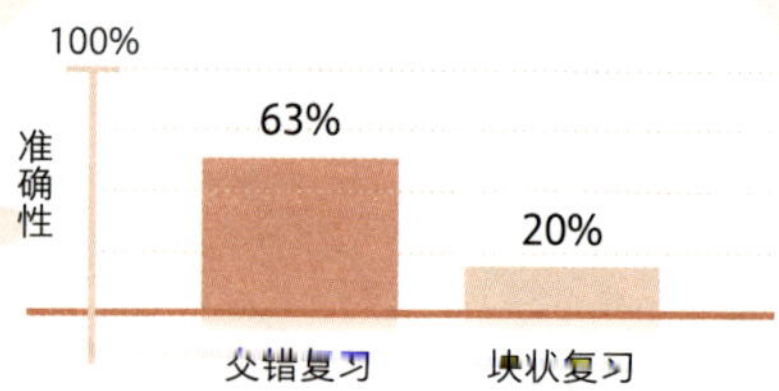

相关研究

有很多研究表明间隔学习比集中学习更有优势（见本书第4项研究）。从本质上来说，每天花一个小时的时间复习八天要比一天复习八个小时更有效。其他研究发现，使用间隔学习的学生与集中学习的学生相比，最终考试成绩会有10%–30%的差距。

越来越多的证据表明，在一个学科中将不同问题交错复习有助于学生保持长时记忆和提高成绩（见本书第1项、第96项研究）。这是因为在这个过程中学生不仅有机会去练习一系列的策略，还有机会去辨认哪些策略最合适、更有可能成功。其中一项研究测试了往目标投掷不同重量沙袋的孩子，结果发现，在练习中把沙袋的重量顺序打乱的孩子，在最后的测试中比那些把沙袋的重量按升序排列的孩子表现更好。

课堂启示

我们不妨考虑大部分数学书如何描述一个问题（比如，分数加法运算），然后给出10个相关的练习题，这点十分有意思。交错学习会比块状学习花费更多的时间。在这一研究中，学生会在课后的模拟测试中取得更好的成绩，然而并没有进行深入学习。这意味着对长时记忆来说，交错学习效果会更好。

当相关话题的问题和其他话题的问题混合在一起时，没有理解话题的学生（或者没有参与这节课的学生）还是会答出大部分问题。但是这些学生在集中进行这个话题练习时就只能答出一点或者一点都回答不出。

因此，我们将学生遇到的问题混合起来，在很长一段时间将这些问题进行交错复习，可以帮助学生取得更好的成绩。

参考文献：Rohrer, D., & Taylor, K. (2007). The shuffling of mathematics problems improves learning. *Instructional Science*, 35, 481–498.

16 • 父母怎样看待失败

研究概况

孩子在经历失败后，经常会向父母求助，看看他们会有什么反应。父母的反应对孩子会有什么影响呢？父母可以将失败视为一种“进步”或“退步”。进步的失败观视挫折为学习和成长的机会；而退步的失败观视挫折为羞耻的来源，并成为对孩子能力进行负面判断的基础。

斯坦福大学的研究人员对100多对父母和孩子进行了系列研究，以探索父母的思维模式以及他们对失败的看法对孩子的思维模式的影响。父母如何帮助年轻学生发展成长型思维模式（即相信自己可以变得更好），研究结果对此提供了指导。

主要研究结果

1. 父母拥有固定型思维模式还是成长型思维模式并不能预测孩子的思维模式。

2. 孩子能准确地评估其父母认为失败是一种潜在的进步还是退步。

3. 把失败视为退步的父母，其子女更有可能拥有固定型思维模式。

4. 把失败视为进步的父母，其子女更有可能拥有成长型思维模式。

5. 在所有的父母中，年长的父母更有可能相信失败是一次有益的学习经历。

正如研究者所评论的那样，“父母像孩子一样，有着塑造自身目标和行为的思维模式，但是只有在引导孩子接受实践的情况下，这些信念才与塑造孩子的信念相关”。

研究者总结说，“我们的发现确实表明，若父母认为失败是一种退步，孩子则会认为自己难以变得更好……面对孩子的失败，这些父母更多关注的是能力或成绩，而不是学习本身”。

相关研究

这项研究是为数不多的直接关注父母的信念是如何影响孩子思维模式的研究之一。迄今为止，大部分研究都着眼于父母的态度如何影响学生的成绩（见本书第85项研究）。若父母重视教育、有着较高但贴合实际的期望，学生会获得更高的成绩（见本书第11项研究）。在其他领域，包括父母对家庭作业的态度、对积极的阅读习惯的态度中，也发现了类似的结果。其他研究表明，失败会在人未来的发展和提高中扮演重要角色，考虑到这一研究结果，本研究也就更加切合了（见本书第99项研究）。

就培养成长型思维模式而言，其他研究关注的是父母的行为而不是态度。例如，证据（见本书第19项研究）表明，父母在孩子很小的时候（1–3岁）所使用的表扬类型是预测孩子5年后思维模式的重要因素。其他有助于培养成长型思维模式的策略包括鼓励学生选择具有挑战性的任务，鼓励有益的自我谈话，专注于提升本领，而不是将自己与他人作比较。

课堂启示

这项研究的结果强调了一个人的思维模式或许并不总是可见的。这是内在的，很难准确猜测。而他人的行为是更容易看到的。这表明，重要的不是父母怎么想，而是怎么做；重要的不是父母的意图，而是行动。我们完全可以认为这对于教师也同样适用。

在任何旨在帮助孩子发展成长型思维模式的家长会或教育机构中，都应该宣传推广积极应对挫折、失望和错误的重要性。

研究者总结说：仅仅教会父母成长型思维模式、期望他们会自然地将这种思维模式传递给孩子可能是不够的。相反，针对父母的思维模式进行干预，可以教会父母失败的好处，以及如何应对孩子的挫折，从而保持孩子的动力和学习。

这种类型的干预不仅可以引导孩子们发展成长型思维模式，还可以通过重塑对失败的看法，直接帮助孩子们提高毅力和心理弹性。

参考文献：Haimovitz, K., & Dweck, C. (2016). What predicts children's fixed and growth mind-sets? Not their parents' view of intelligence but their parents' views of failure. *Psychological Science*, 27(6), 859–869.

17 • 听音乐复习功课

研究概况

很多学生边听音乐边做作业和复习。其中，许多人信誓旦旦地说，听最喜欢的歌曲有助于学习。但实际上，这会帮助还是阻碍学习呢？有趣的是，这和学生复习时所听的音乐类型有关系吗？

为了回答这些问题，研究人员将不同年龄的学生分成四组：第一组安静地复习，第二组边复习边听喜欢的、带歌词的音乐［包括“单向乐队”（One Direction）和凯蒂·佩里（Katy Perry）的歌曲］，第三组边复习边听不喜欢的、带歌词的音乐（包括非常沉重的激流金属乐队），第四组边复习边听没有歌词的音乐。

之后，研究者对参与者复习的结果进行了测试，评估环境对注意力的分散程度，并让学生作出预测，写下自认为做得如何。

主要研究结果

1. 在安静的环境下复习的学生的考试表现比那些听有歌词的音乐复习的学生要好60%以上。

2. 听没有歌词的音乐进行复习的学生比那些听有歌词的音乐复习的学生成绩更好。

3. 不论学生是否喜欢复习时所听的有歌词的音乐，结果都没有什么区别。两者都导致了随后测试表现的下降。

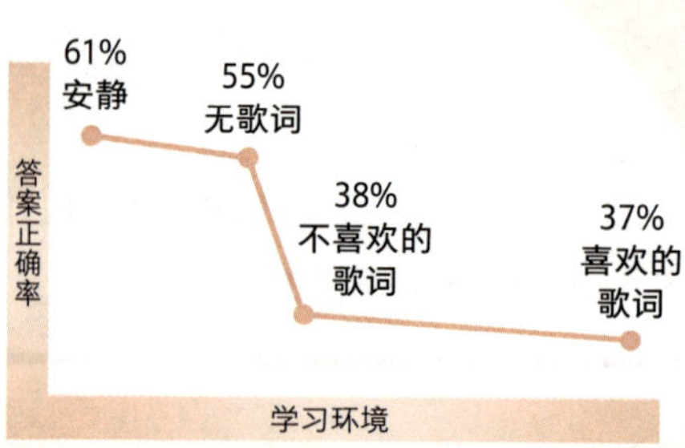

4. 在安静状态下复习的学生认为在这样的环境中不容易令人分心，并且能够准确地预测出自己会在随后的测试中取得更好的成绩。

相关研究

在完成某些任务的同时听音乐也许有一些好处。它可以激发人的积极性，还可以改善情绪（例如，听最喜欢的歌时，会心微笑）。这就是为什么许多人会在体育馆听音乐。然而，有证据表明，在幻灯片中添加音乐并不能为学习新的或复杂的材料带来帮助（见本书第78项研究）。

认为音乐有助于学习的错误观点可能源于一系列被称为“莫扎特效应”（The Mozart Effect）的研究。这些研究的参与者似乎因为音乐变得更聪明，在测试中表现更好。然而，进一步的研究表明，事实并非如此。虽然在任务开始前听音乐能让人感觉更好，但是在尝试学习新东西的同时听音乐并没有什么帮助。这是因为音乐，尤其是歌词，会占用大脑的处理空间。这与你正在努力学习的材料相冲突，记忆过程中产生了瓶颈，因为没有多少空间来处理你正在复习的内容了。

这项研究的作者来自卡迪夫都市大学，他们毫不怀疑地评论说，“尽管人们喜欢某些抒情音乐，但听它和听不喜欢的音乐一样，会对阅读理解产生不利影响。事实证明，没有歌词的音乐负面影响较小，但可以预料的是，在安静的环境下进行阅读理解效果最好”。

课堂启示

让学生意识到学习时听音乐是一种陷阱，这很重要。值得注意的是，这项研究发现，虽然学生认为安静的环境对其干扰较小、更有益处，但是许多学生在做作业时仍会继续听音乐。为什么会这样呢？这可能有很多原因：出于习惯而这样做；混淆了改善情绪和促进学习的概念；减轻无聊感。还有一个原因是因为其他人都在这么做。

因此，学生不仅要知道他们需要学习什么，还要知道应该如何学习。在学生学习的过程中，完全可以有一个听音乐的时间和地点，但不该是在学习新的、复杂的材料时。正如俗话说，“沉默是金”。

参考文献：Perham, N., & Currie, H. (2014). Does listening to preferred music improve reading comprehension performance? *Applied Cognitive Psychology*, 28(2), 279–284.

18 • 邓宁-克鲁格效应

研究概况

1995年，麦克阿瑟·惠勒（McArthur Wheeler）在光天化日之下抢劫了美国的一家银行。后来当他被捕时，他竟难以置信，因为他错误地认为用柠檬汁抹在脸上，就能使他的脸在监控下隐形。康奈尔大学的研究人员贾斯汀·克鲁格（Justin Kruger）和大卫·邓宁（David Dunning）不仅从他的无能中受到启发，也从他缺乏自我意识中得到了启发，他们进行了一系列的研究，以了解缺乏能力是否与自我意识低下有关。

在实验中，他们让参与者完成各种任务，然后评估各自的表现。这些任务包括讲笑话、逻辑推理和语法测试。最后，研究人员想看看能做些什么来帮助人们更准确地评估自己目前的能力水平。

主要研究结果

1. 大多数人倾向于高估自己的能力。这一发现在能力最差的人群中最为明显。

2. 参与者越有能力，高估的程度越低。

3. 在包括逻辑推理、语法和考试成绩在内的一系列技能测试中都发现了邓宁-克鲁格效应。

4. 唯一倾向于低估自己能力的群体正是那些最有能力的人，通常称为“专业知识的烦恼”。

5. 经证实，通过培训和研讨会来提高人的元认知技能，能够提高其自我评估的准确性。

相关研究

这项研究似乎印证了许多历史上的著名人物所知道的道理。苏格拉底宣称，“我只知道一件事，就是我一无所知”；查尔斯·达尔文指出，“无知比博学更容易让人产生自信”；威廉·莎士比亚在《皆大欢喜》中写道：“愚者总自以为聪明，智者则有自知之明。”托马斯·杰斐逊说过：“知识愈多就愈了解自己懂得太少。”卢克·天行者在《星球大战》中说，黑暗面的过度自信导致了死星的爆炸。

为什么人们不能更好地认识到自己的无能，尤其是在经历了多次失败的情况下？研究表明，人们可能会将失败归因于外部因素，诸如运气或环境，以此方式来保护自尊。作为短期保护自尊的策略，这也许还不错，但不幸的是，对于长期的学习和发展而言，这是一个较差的策略（见本书第27项研究），特别是考虑到失败对一个人的发展是多么重要（见本书第99项研究）。

课堂启示

这项研究具有三个重要的课堂启示。第一，要警惕做任何事都宣称自己有百分之百自信的人（见本书第43项研究）。事实上，该研究的作者指出，“无能会使其做出错误的选择，也剥夺了认识到自己或他人无能所必需的悟性”。

第二，如果学生想提高自己的技能水平，了解当前的能力水平至关重要。如果学生对自己的能力水平评价过高（见本书第77项研究），就不太可能去思考如何提高。

第三，也是最后一点，我们必须找到一个很好的平衡点，既能帮助学生了解目前的水平，又不妨碍其学习的动机。如果学生认为自己的能力已经具备且不会改变，就不太可能付出额外的努力。事实上，研究表明，有这种固定型思维模式的学生会更快放弃，面对变化的能力更差，适应能力更差，通常成绩也更差。

参考文献：Kruger, J., & Dunning, D. (1999). Unskilled and unaware of it: How difficulties in recognizing one's own incompetence lead to inflated self-assessments. *Journal of Personality and Social Psychology*, 77(6), 1121.

19 · 父母的表扬

研究概况

研究人员在3年的时间里观察了53名1–3岁的儿童与其父母的互动。研究人员记录了互动中父母表扬孩子的数量，并将其分为“过程表扬”“个人表扬”或“其他”。过程表扬侧重于表扬孩子的努力和策略，比如“你一定非常努力”或者“我真的很喜欢你这样做”。个人表扬的定义是围绕一个固定的积极品质进行表扬，例如“你真聪明”或“好女孩”。

几年后，当孩子们7–8岁时，研究人员向孩子们询问他们的学习态度以及激发动力的因素。然后，研究人员比较了孩子们几年前得到的表扬类型，看是否存在任何关联。

主要研究结果

1. 对于7–8岁的儿童来说，在他们1岁至3岁时因努力和策略得到表扬（过程表扬），则更有可能拥有成长型思维模式，乐于接受挑战，重视努力工作，能够制定改进的策略。

2. 父母使用的表扬类型是在孩子14个月大的时候确定的，并且在接下来的2年里保持一致。

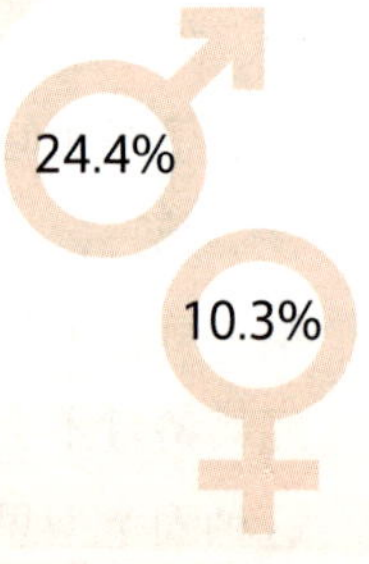

3. 男孩和女孩得到的总体的表扬数量相仿，但是男孩得到的过程表扬比女孩多得多。对男孩的表扬中有24.4%是过程表扬，而对女孩的表扬中只有10.3%是过程表扬。因此，5年后，男孩更有可能拥有成长型思维模式。

4. 父母的思维模式不一定与孩子的思维模式相关。最密切相关的是父母使用的表扬类型，正是这些互动最能影响孩子的思维模式。

相关研究

其他几项研究表明，表扬一个孩子的努力和策略可能有助于发展成长型思维模式，并相信自己可以提高（见本书第5项研究）。这是因为孩子可以学习和获得新的策略，从而在逆境中发展出更有弹性的思维模式。

还有研究（见本书第16项研究）着眼于检验父母思维模式和孩子思维模式之间的关系。研究人员发现，父母对孩子挫折的反应有很大影响。那些把挫折视为学习和提高的机会，而不是对孩子能力的负面评价的人，其孩子更有可能形成成长型思维模式。

这项研究发现，男孩得到了更多的过程表扬，因此更有可能拥有成长型思维模式。不过这一发现很有趣，因为其他研究的结果不尽相同。一些报告说，男孩和女孩在成长型思维模式方面没有区别；而其他研究发现，女孩更容易将失败归因于固定因素，而不是可以改变的因素。一些研究还观察了具体学科的思维方式，发现年轻女孩比年轻男孩更容易感觉自己在数学和科学上的能力有限。

课堂启示

这项研究的作者来自芝加哥大学和斯坦福大学，他们指出，“父母表扬的变化会影响孩子的动机结构，我们的发现印证了这一点，这种影响的根源可以追溯到幼儿时期”。这似乎表明，对父母进行早期教育，让他们知道，在孩子很小的时候对孩子使用的表扬类型产生的影响，会很有帮助。

同样令人关注的是父母表扬的重要性。在评论这一点时，作者还说，“鉴于儿童可能会在周围环境中受到许多成年人的表扬，值得注意的是，（研究观察到）在父母与孩子互动的细微片段中出现的表扬，为孩子如何发展（成长型思维模式）提供了深刻的见解”。很明显，孩子们从父母那里听到的话在父母说出来很久之后还会引起他们的共鸣。

参考文献：Gunderson, E., Gripshover, S., Romero, C., Dweck, C., Goldin-Meadow, S., & Levine, S. (2013). Parental praise to 1–3 year olds predicts children’s motivation framework 5 years later on. *Child Development*, 1–16.

20 • 努力会被效仿

研究概况

我们如何让学生更加努力地学习？旁边的人对你工作的努力程度有什么影响？如果他人努力工作，是否会鼓励你也同样努力？

研究人员让38名学生两人一组在电脑上玩反应时间游戏。有时任务在同一个屏幕上，有时任务在彼此相邻的不同的屏幕上；有时能看到同伴在做什么，有时却看不到。

研究人员暗中控制了这个游戏，两个学生中有一个人的任务更困难，因此他必须更加努力地执行任务。之后，研究人员来测量这对组内另一位学生的影响。

主要研究结果

1. 如果旁边的人都在努力学习，学生则更有可能在一项任务上更加努力。

2. 即使一个学生看不到另一个人在做什么也没关系；如果另一个学生努力学习，仍然能鼓励他人也这样做。

为什么会这样？

这可能是由于从众效应（bandwagon effect），也就是人们接受周围人的行为。一个原因可能是人们本能地需要模仿周围的人（例如，如果你旁边的人打哈欠，你就更有可能也打哈欠）。另一个原因可能是，作为人类，我们非常在意别人对自己的看法，想要给人留下好印象。

相关研究

一百多年前，研究者在运动心理学领域首次进行了此项研究。研究发现，在有人观察的环境下，选手在自行车器械上会骑得更快。在此基础上，其他研究发现，那些简单的或擅长的技能，如果在别人面前完成，则会表现得更好。

然而，结果并不简单。一项有趣的研究发现，在拔河比赛中，每加一个人，都会让队伍中的成员投入更少力气。这就是所谓的“社会懈怠”（social loafing），究其原因，人们相信别人会弥补这种懈怠。

因此，在以下情况下，他人可以帮助我们更加努力地工作，并提高我们的表现：（1）他们也在努力工作；（2）我们知道有人追踪自己的表现。

课堂启示

其他研究表明，只要有的选，人会选择不需要付出大量努力的环境。我们的天性似乎是保存能量，而不是消耗能量。

研究孩子们在教室里的座位，同样也有一些有趣的暗示。这意味着不要总是让学生自己选择坐在谁旁边，而是让学生与鼓励其努力学习的人坐在一起（见本书第44项研究）。学生最喜欢的人可能并不是督促其努力学习的人。研究者来自汉堡大学和布鲁塞尔大学，研究人员简明扼要地总结了这一发现，指出，“只需在一个工作量很大的人旁边做一件事，就会帮助你也同样努力”。

参考文献：Desender, K., Beurms, S., & Van den Bussche, E. (2016). Is mental effort exertion contagious? *Psychonomic Bulletin & Review*, 23(2), 624–631.

21 • 评价教师

研究概况

学生对老师的评价与老师的实际教学水平有关系吗？大多数学生都会有一个最喜欢的老师，但这是基于喜好，而不是谁最能帮助自己学习。这意味着，学生对教师的评价更像是一场人气竞赛。

渴望回答这个问题的研究人员对这一领域现有的研究进行了彻底的回顾。除了重新分析先前研究的结论外，研究人员还在评估中加入了最新的研究。

主要研究结果

1. 学生对老师的评价与其实际学到的东西之间并无关联。研究者非常清楚地说，“尽管研究人员用了超过75年的努力，但目前仍尚无证据支持这一观点：学生从评价更高的教师那里能学到更多”。

2. 先前的研究发现两者之间存在正向联系，这很可能是由于样本量很小（这会降低研究的可靠性）或发表偏倚，即研究人员更乐于发表积极的发现，而不是消极的发现。

3. 衡量一个人学到了多少是复杂且困难的。以至于“我们想通过简单的方式，比如让学生回答一些关于课程经历、教师知识等看法的问题，来衡量教师的教学效果，这似乎是不切实际的”。

相关研究

为什么有些学生认为自己的老师更好，也有研究对其进行了探索。主要因素或许有二。其一，学生原本对该学科的兴趣程度是最能预测学生如何评价教师的因素之一。简而言之，如果我们非常喜欢某个学科，那就更有可能喜欢这门学科的授课教师。反之亦然，因为大多数学生并不喜欢那个让自己努力学习不喜欢的科目的人。

其二可能是确认偏差。在之前的研究中，学生收到了一份授课教师的简介，除了一个细节外，其他都是一样的。一半的学生拿到的简介上写的是这位教师性格“热情”，另一半学生拿到的是性格“冷淡”。在课程结束时，那些以为新教师热情的学生更有可能得出同原来一致的评价，而那些以为新教师冷淡的学生更有可能说教师疏远同学、相处冷漠。似乎教师的名声往往先声而至，这极大地影响着新一批学生对教师的看法和感受。

课堂启示

这项研究的作者来自加拿大皇家山大学。研究人员指出，在专注于学生学习的大学和学院里，可能需要对学生的评价等级给予最小的权重或不给予权重。这并不是说学生的声音不重要。必须倾听学生对学业的看法和对教学的信念，只是这不应该成为衡量教师的重要标准。

如果教育机构真的想知道其教师的教学活动的有效性，最好也考虑一下教师的毅力和乐观程度，因为一些研究表明，这可能是一个更好的预测指标（见本书第75项研究）。

参考文献：Uttl, B., White, C. A., & Gonzalez, D. W. (2016). Meta-analysis of faculty's teaching effectiveness: Student evaluation of teaching ratings and student learning are not related. *Studies in Educational Evaluation*, 54, 22–42.

22 • 成才偏见

研究概况

我们更敬畏天赋还是努力？许多教育和体育界人士都非常重视坚持和韧性，但我们都在背后怀有“天赋偏见”吗？

研究人员进行了一项研究，他们为一些音乐家播放了两首音乐并告诉他们：第一首音乐的作者是“天生派”，很早就显现出了天赋；第二首音乐的作者是“奋斗者”，有着很强的动力和决心。

事实上，这两首音乐都出自同一位专业音乐家之手。接下来，研究人员让参与研究的音乐家们来评价，哪一首更好听，哪一首的演奏者将来会有更好的职业发展。

主要研究结果

1. 尽管听到的是同一位音乐家的音乐，参与者仍认为“天生派”比“奋斗者”更有才华，更有可能成功，是加入乐队的最佳选择。

2. 在实验开始的时候，参与者表示努力工作和训练是音乐家成功的关键。这一观点得到了众多专业音乐家的认可。然而，研究发现，与那些经验较少的同行相比，专业音乐家对“天生派”音乐家的印象更为深刻。

3. 当问到参与者如果可以再听一遍，想听哪一位演奏者的音乐时，专业音乐家们选择了“天生派”，并对其能力给予了更高的评价。

相关研究

与“天赋效应”（natural talent effect）相似的认知偏见是“晕轮效应”（halo effect）。当人们评估某人的第二件作品时，会受到其最初的积极表现影响。研究发现，给学生的第一篇作业打分高的教师，更有可能在其第二篇毫无关联的作业中给予更高的分数。

研究指出，可以用匿名的方式来避免这种“晕轮效应”。有证据表明，在音乐领域进行盲试和在求职申请中采用匿名简历有助于克服这种错误的想法。也有建议说，若是对学生的课业采取类似的措施，或许有助于缓解学校中的“晕轮效应”。然而，应该注意的是，当根据学生的成长和进步提供反馈时，这本身就会带来一些挑战。

课堂启示

这项研究来自哈佛大学，它对人们如何看待人才有着有趣的启示。正如该研究的作者所指出的，“识别天赋的能力和天赋本身几乎一样复杂”。如果人们为天赋所吸引，就可能会将那些早期表现出较高能力的人挑选出来，给予更多或特别的关注。这是有问题的，最近的一项研究也表明，孩子在小学的表现与他们出生的月份密切相关。这意味着，由于受到与年龄相关的影响，小学的孩子在一年级的时候可能会比实际年龄显得更有天赋。当学生从高中毕业时，这种影响几乎完全消失了。

这项研究提出的另一个问题是，如何帮助人们发展自己的能力。如果我们说要重视勤奋和努力，但实际行动却在重视天赋，那学生就很可能捕获这一信息。如果学生因为总是落后于那些“天才”的同龄人，而认为勤奋和努力无关紧要，那么，这是否意味着这些学生不太可能去付出努力、展现韧性？

参考文献：Tsay, C. J., & Banaji, M. R. (2011). Naturals and strivers: Preferences and beliefs about sources of achievement. *Journal of Experimental Social Psychology*, 47(2), 460–465.

23 • 提取练习

研究概况

研究人员考察了不同的学习策略对学生学习量的影响。其中一种策略是"提取练习"（The Retrieval Practice），又称"测试效应"（The Testing Effect），它描述的是必须给出问题答案的行为。

研究人员测试了这种策略在阅读关键段落时，与简单的阅读和重读相比的实际效果。除了比较最终考试成绩外，研究者还测量了在学生心中，不同策略的有效性，以及在运用不同策略复习时，复习课的趣味性。

主要研究结果

1. 如果最终考试时间是在2-7天后，那么在一个学习周期之后进行了一次提取练习的学生比那些在两个学习周期内只进行阅读的学生至少要好30%。

2. 需要记住的信息越长，"测试效应"就越有效。

3. 需要记住的信息越长，阅读的效率就越低。

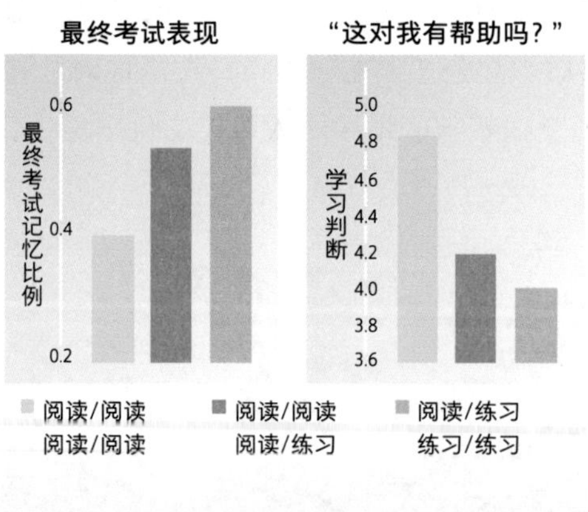

4. 学生最有可能认为重读比提取练习更有效。然而，主要使用提取练习的学生比在复习时仅仅阅读和重读的学生多记住50%以上。

5. 与仅仅阅读材料的学生相比，运用提取练习进行复习的学生发现复习更加有趣。

相关研究

提取练习的好处已经被研究了一百多年。人们发现，在紧张的情况下，比如参加期末考试时（见本书第76项研究），提取练习的作用很大。其他研究证实，在测试后即时提供反馈可以进一步加大这些优势，这也有助于学生发现自己知识中潜在差距在哪里。

还有研究表明，学生为考试而学习时，模拟考试的环境，会进一步提高学生在期末考试中回忆信息的能力。从本质上来说，练习回忆信息的能力提高了我们的信息回忆能力。

这项研究发现，学生错误地认为重读比提取练习更有效，这既有趣又令人担忧。不过，也有证据（见本书第34项研究）表明，如果学生在学习时专注于阅读，应该大声读出来，并且没有背景噪声（见本书第80项研究）。

课堂启示

这项来自华盛顿大学的研究结果对于教师有一些重要的启示，包括教师要如何帮助学生在准备考试时学习重要的材料。研究表明，除非教师教授学生最佳的学习策略，否则他们可能会选择无效的策略，牺牲了更有效的策略。

研究人员还提到了定期使用提取练习的另一个重要好处，即“频繁的测试会让学生们挤出时间来学习”。这也支持了一项现有的研究，该研究表明，与集中学习（即临时抱佛脚）相比，间隔学习会带来更大的记忆量和回忆率。因此，我们不仅要清楚地教会学生学习的重要性，还要教会他们如何更有效地学习。

这项研究的结果非常清楚。学生学习不仅仅是为了在考试中取得好成绩。考试是为了使学生更有效地学习。

参考文献：Roediger III, H. L., & Karpicke, J. D. (2 long 006). Test-enhanced learning: Taking memory tests improves -term retention. *Psychological Science*, 17(3), 249–255.

24 • 思想抑制

研究概况

在心理学上最具代表性的一项研究中，研究人员要求参与者对着录音机用五分钟的时间说出自己的想法。

研究者要求他们不要去想白熊。每当参与者想到白熊或说出“白熊”这个词的时候，都要按铃。

主要研究结果

1. 尽管参与者试着不去想白熊，但是他们每分钟还是至少会想一次。

2. 当参与者要说到一句话结束或在沉默的时候，最有可能想到白熊。

3. 试图不去想某件事会让人更有可能去想那件事，这就是众所周知的“反弹效应”(The Rebound Effect)。这是因为人们过于关注自己想要压制的想法。

4. 研究人员告知一些参与者，要他们专注地去想一辆红色的汽车而不要试图压制白熊的想法，这样的参与者表现得更好。但他们仍然要努力不去想白熊，不过比起那些简单地认为“不要去想白熊”的人，反弹效应更小。

相关研究

对人们想要停止那些不想入脑的事情作出考察，可以追溯到19世纪末西格蒙德·弗洛伊德（Sigmund Freud）的研究。此后，进一步的研究表明，我们刻意忽视思想和信息的能力并不是很好。例如，研究认为，陪审团会被那些法官告知他们要忽略的信息所影响。同样，其他研究表明，试图抑制情绪上困难的事件的人在以后的生活中更有可能遭受负面的心理及生理后果。

除了在这项研究中所使用的思维分散技术外，其他研究也发现，说“停”这个词可以有效地终止思考。这有助于人们管理挫败感、克服紧张、改善睡眠，不再纠结于最糟糕的情况。人们可能无法控制脑海中浮现的第一件事，但却可以控制随后的想法和行动。

课堂启示

这项研究来自三一大学和得克萨斯大学，其结果表明，努力不去想一些事情，虽然并非不可能，但也是很困难的。正如作者所指出的，“压制一种思想需要一个人：（1）计划压制这种思想，（2）通过压制思想的所有表现形式来执行该计划，也包括最初的计划”。然而，许多学生会在面临压力时尝试这种策略，比如公共演讲或考试。他们会对自己说“不要着急”“不要含糊其词”“不要误解问题”，还有“不要说傻话”。但矛盾的是，这种想法会让那些“不要”的事情更容易发生。

这项研究的结论是，“思想抑制是困难的，因为没有重点的思考是困难的”。事实上，试图抑制思想往往反而会导致人们专注和沉思于原本想要避免的想法。这项研究表明，最好专注于你想要实现的事情，而不是要避免的事情。这样的话包括“慢慢来”“说清楚”“把问题读两遍”“想一想我想说什么”，等等。言下之意很明显，别去想“不要”什么。

参考文献：Wegner, D., Schneider, D., Carter, S., & White, T. (1987). Paradoxical effects of thought suppression. *Journal of Personality and Social Psychology*, 53(1), 5–13.

25 • 有效反馈

研究概况

什么是好的反馈？反馈总是有用的吗？最重要的是，教师如何才能给出更好的反馈？研究人员渴望回答这些问题，因此全面、彻底地回顾了大量关于反馈影响的研究。研究结果非常有趣，其中有一些可以说是相当令人惊讶。

主要研究结果

1. 平均而言，反馈干预能显著提高学生的表现。因此，反馈如果是正确的，确实可以帮助学生提高学习能力。

2. 研究发现，对学生的反馈也可能是有害的，超过1/3的反馈干预弊大于利。从某种程度上来说，如果没有给予反馈，这些学生会做得更好。

3. 越是关于个人天赋的反馈，就越有可能阻碍学生未来的努力。另外，如果反馈关注的是如何更好地完成任务，则更有可能提高学生的表现。

4. 旨在提高动机的反馈或许也能促进学生接下来继续努力。但是，如果学生依赖于这种激励性反馈，当失去这种反馈时，成绩就可能会下降。

相关研究

这项研究发现，关于一个人天赋的反馈通常会导致表现下降，这与其他现有的研究结果是一致的（见本书第52项研究）。例如，表扬某人的天赋会导致固定型思维模式，而表扬其后天的努力可以增强内在动力（见本书第5项、第16项研究）。

其他关于反馈的研究发现，将学生相互比较或过分表扬学生，会导致自恋行为的增加（见本书第65项研究）。同样，给予过多的反馈和表扬往往会传达出一种低期望值，这可能反而会降低学生的积极性。

除了考虑给学生的反馈类型（见本书第97项研究），关于何时给出反馈的研究也取得了一些有趣的成果。在实验室环境下，研究人员发现延迟反馈是有帮助的。然而，在现实环境下，研究人员通常发现即时反馈更为有益。这或许是因为当任务很简单或者有足够的时间时，延迟反馈有用，而如果事情拖得太久，人就会忘记，或者对事件的记忆变得失真。

课堂启示

这项研究对课堂反馈有重要意义。正如该研究的作者所评论的那样，“反馈干预是一把‘双刃剑’，因为反馈干预并非总能提高学生的成绩，甚至在某些情况下对成绩是有害的”。这表明，教师不应该总是急于给出反馈，多并不总是代表好。如果在错误的时间给出反馈或反馈类型有误，很可能会帮倒忙。

有时管理者希望教师给学生更多的反馈，学生也经常说喜欢收到反馈，这是教师所面临的挑战。研究者清楚地告诫说，“教师混淆了感觉与真实情况，是感觉反馈有效，还是反馈干预真的能够提高学生成绩”。从质的角度而非量的角度来看待反馈，将有助于教师减少工作量，同时促进学生学习。

参考文献：Kluger, A., & DeNisi, A. (1996). The effects of feedback interventions on performance: A historical review, a meta-analysis and a preliminary feedback intervention theory. *Psychological Bulletin*, 119(2), 254–284.

26 • 激励厌学的学生

研究概况

研究者将学生分为两组，要求他们听一场无聊的讲座。为了仿照人们对于“无聊课程”的抱怨，这场讲座被设置得很无趣，风格单调，没有任何修饰。

在讲座开始之前，研究人员向参加“研究组”的学生简要介绍了听这场讲座的原因，以及讲座内容将来对他们会有什么帮助。研究人员承认这场讲座或许无趣，但却鼓励学生坚持下去。第二组是“对照组”，学生在听讲座前没有收到任何信息。

主要研究结果

与“对照组”相比，预先听取简要说明对“研究组”的影响是：

1. 提高了学生在课程中的积极性。

2. 学生在课程中的参与度更高。随着课程的进行，“研究组”的参与度越来越高，最后“研究组”的参与度比“对照组”高出25%。

3. “研究组”对所学的主题更感兴趣，同时也认为这对他们更重要。

4. 学习效率更高。在讲座结束后，“研究组”的学生对讲座主题的事实和概念的知识水平提高了11%。

相关研究

此前，研究人员已经调查了在面对无聊的任务时（缺乏内在动机），如何更好地鼓励人们。其中一个实验是让被试者在每次灯光闪烁时按下键盘上的按钮。研究者发现，为帮助他们完成这项无聊的任务，阐述任务的原理，承认被试者的观点（即被试者可能正在经历的消极感受），并以非控制的方式与他们交谈，强调选择而不是压力，这会显著提高被试者的表现。

其他研究发现，当学生不重视学习内容时，其动机和参与水平都会下降（见本书第47项研究）。随着学生年龄的增长，当学生独立学习成为学业成功的重要组成部分时，这一点也随之变得越来越明显和重要。

然而，也有研究强调了师生关系在激励学生方面的重要性。重要的可能不仅仅是你说了什么，而是你如何说。这项研究认为，学生感知到的热情、信任和师生关系等因素很重要。

课堂启示

该研究表明，为了激发学生的积极性，我们需要强调学习这一主题将如何使学生受益，并提醒学生有能力来克服挑战。威斯康星大学的研究人员总结道，“为了促进学生的学习动力，给出原理需要产生两种影响：学生需要看到任务的重要性和个人效用；学生需要在完成任务时感受到高度的自主性”。

我们鼓励许多教育者在课程开始时便与学生分享课程的学习成果。然而，这可能还不足以激励学生学习。在这项研究中，研究人员不仅阐述了学习成果，还强调了以下四个关键：为什么课程会有帮助、它将如何帮助学生、承认学习是困难的、鼓励学生持之以恒。这可以在课程开始时快速完成，只需付出很少的努力就可以带来丰厚的回报。

参考文献：Jang, H. (2008). Supporting students’ motivation, engagement, and learning during an uninteresting activity. *Journal of Educational Psychology*, 100(4), 798.

27 · 多做自我分析

研究概况

人们是否会为了夸大对当前成就的感受而降低对过去自我的评估？研究人员对此进行了调查。研究名为“从傻瓜到冠军：人们对过去和现在的自我评价”，这确实引人入胜。

主要研究结果

1. 人们对现在的自我比对过去的自我更满意。

2. 学生和成人都会批评过去的自我，以此来赞美现在的自我。

3. 过去的自我和现在的自我之间差距越大，人们就越有可能去批评过去的自我。

4. 参与者相信，即使没有实际的改善，现在的自我也比过去的自我更好。

5. 人们很可能认为自己的人格特质得到了改善。然而，这一观点对别人并不适用，哪怕是自己的熟人。参与者更有可能认为其他人一切照旧。

6. 一项技能对某人越重要，就越有可能相信，随着时间的推移，自己的这项技能已经提高了。

相关研究

这项研究的结果支持了以前的研究，该研究发现人们更有可能认为自己现在比过去更幸福。事实上，人们的时间观念非常奇怪，在一件事开始或结束时发生的事情更能让我们印象深刻（见本书第98项研究）。

其他研究表明，我们越有自我感觉良好的动力，就越有可能以牺牲过去的自我为代价来赞扬现在的自己。这有助于提升我们当前的自我价值，让我们远离怀疑、担忧和紧张。

大量研究发现，大多数人认为自己的技能和品性高于平均水平。确实，西方文化经常鼓励人们高度评价自己。然而，只要通过批评过去的自我，人们就能够提升现在的感觉，而不必真正变得更好，或者在证据面前承认自己并无变化的现实。这类似于邓宁–克鲁格效应，即能力低下通常会导致一个人夸大自己当下的能力（见本书第18项研究）。

课堂启示

能够准确评估一个人当前的能力水平是学习的基础。它为所有的学习提供平台。如果学生认为进步只是基于对过去的消极看法，就会阻碍学生真正变得更好。正如该研究的作者所指出的，“只要感觉以前不如现在，人们就可以判断自己正在进步”。

研究者还表示，“正如广告商创造性地运用证据，不断展示‘新的和改进的’产品一样，个人也可能重新包装和修正自己，以突出重要方面的改进”。这在短期内，可能会增强信心。不幸的是，这种信心并不十分稳固、持久。帮助学生感到自信的最好方法是提高知识和技能，从而完善能力。

参考文献：Wilson, A., & Ross, M. (2001). From chump to champ: People’s appraisals of their earlier and present selves. *Journal of Personality and Social Psychology*, 80(4), 572–584.

28 • 多问为什么

研究概况

如果我们想让学生记住关键事实，我们应该：(1) 直接将信息告诉学生，(2) 告诉学生信息并解释原因，还是 (3) 告诉学生信息并让其思考原因?

为了回答这个问题，研究人员将学生分成了三组。一组学生读了一系列句子，比如“这位饥饿的人上车了”。另一组会读到这些句子及其解释（例如，“这位饥饿的人上车去餐馆”）。最后，其余学生阅读这些句子，然后需回答“他为什么要这样做？”。

主要研究结果

刚刚读完这一系列句子的学生平均能正确回忆起37%的句子。

阅读了句子和解释的学生能正确回忆起35%的句子。

然而，看到句子并给出自己的解释（例如问自己“他为什么要这样做？”）的学生，能够回忆起71%的句子，这一结果令人印象深刻。

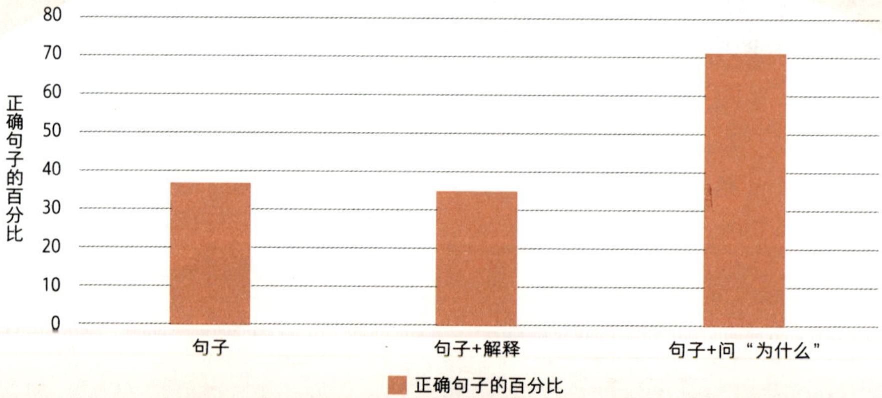

相关研究

越来越多的研究发现，学生自己思考和处理的信息越多，就越有可能记住信息。这就是为什么那些通过问自己"为什么会这样"来得出答案的学生，比那些直接得到答案的学生表现得更好。心理学家称这种技能为"精细探询"（elaborative interrogation）。最近的一项非常全面的回顾发现，这是学生可以用来提高记忆力的最有效的策略之一。

进一步的研究也调查了为什么问"为什么会这样？"或者"为什么对X来说是这样，而对Y来说不是这样？"可能会有所帮助。因为这或许能激起好奇心，有助于将新信息与已有知识联系起来。反过来，这会将新信息根植到长时记忆中。

课堂启示

问自己"为什么"的技能可能更适合某些学生。例如，来自圣母大学、明尼苏达大学和西安大略大学的研究者指出，"缺乏专题知识的新手通常不会自动将新遇到的关系与信息联系起来，使关系的重要性更容易理解，从而使材料更容易记忆"。

这表明，精细探询对于那些已经具有广泛而深刻的知识的学生来说可能特别有效，或者在学习了大量知识后，作为一种最终的学习技能。建议学生在有教师在场的情况下，使用这一技能，以便检查答案的准确性。这样可以避免重复和记忆不准确的信息。

参考文献：Pressley, M., McDaniel, M. A., Turnure, J. E., Wood, E., & Ahmad, M. (1987). Generation and precision of elaboration: Effects on intentional and incidental learning. *Journal of Experimental Psychology: Learning, Memory, and Cognition*, 13(2), 291.

29 • 睡眠很重要

研究概况

所有人都要睡觉。只有少数人有充足的睡眠，大多数人都想多睡一会儿。平均来说，我们一生要花20多年的时间来睡觉，但是睡眠的好处仍然没有得到充分的重视。尽管美国国家睡眠基金会（The National Sleep Foundation）建议青少年每晚需要多达10个小时的睡眠，但许多人报告说睡眠时间少于7个小时。

研究人员回顾了睡眠发挥的许多不同功能，以及睡眠对学生记忆、情绪调节和心情的重要性。研究发现证实了睡眠是思维和学习过程的基本组成部分。

主要研究结果

1. 在学习前睡个好觉可以让学生更有效地建立新的记忆联系。这就是众所周知的“信息编码”能力。

2. 如果学生睡眠不足，就会阻碍学生将所学知识存入记忆。我们称之为无法“整合信息”。

3. 睡眠不足时，人们更容易忘记积极的记忆，疲劳的学生更容易记住和回忆起消极记忆。

4. 过度睡眠不足使学生更可能表现出消极情绪、感到压力、无法控制情绪。

相关研究

这篇综述证实了其他睡眠研究的发现。睡眠除了与记忆、心情和情绪控制有关外，有证据指出，睡眠的质量和时长与集中注意力的能力之间有着密切的关系。这可能是学生睡眠时间与其取得的成绩相关的部分原因。然而，尽管睡眠很重要，父母经常不知道孩子睡了多长时间（见本书第92项研究）。

其他研究发现，睡个好觉与创造力和洞察力有关，如果参与者前一天晚上睡得好，那么发现隐藏规则来完成谜题的可能性就会增加两倍。另一项研究还发现，睡眠会代谢白天积累的毒素，因此睡眠不足或睡眠不规律的青少年更容易生病。

课堂启示

告诉学生睡眠不可少至关重要，因为许多人可能不知道睡眠有多重要。这项研究的作者来自加州大学，他们在论文的结尾写道，"当你遇到麻烦时，上床睡觉，早上会感觉更好"。似乎这样做，学生也更有可能回忆起以前所学，更愿意在未来学习更多知识。

除了告诉学生睡眠的重要性，我们还需要告诉学生有哪些常见的睡眠障碍。包括每天晚上在不同的时间上床睡觉（因为这会扰乱身体内部的生物钟），以及一天中小睡的时间过长。其他睡眠障碍还包括睡觉前看电视和玩手机。

目前深夜使用手机的现象尤其普遍。一项研究将深夜发短信或打电话与人的情绪、自尊和应对能力的下降联系起来。父母应当参与到这一讨论中来，因为有证据表明青少年比成年人更难控制自己，这意味着青少年可能会受益于父母最初所做的决定。

参考文献：Walker, M. P., & van Der Helm, E. (2009). Overnight therapy? The role of sleep in emotional brain processing. *Psychological Bulletin*, 135(5), 731.

30 • 学习时少用手机

研究概况

手机是日常生活的一部分。它能把人们联系起来，也能成为出色的学习工具。大多数人一天中大部分时间都会把手机放在身边。但是手机有不好的一面吗？手机是否会对学生的表现产生负面影响？

为了回答这个问题，研究人员让学生完成一项需要集中注意力的任务，并在邻近的桌子上放一部手机或一个记事本。学生在实验过程中并未使用手机，只是将手机放在他们的视线范围内。

为了收集更多信息，研究人员让学生完成了一系列有关自己的问卷调查，还进行了两次实验：一次桌子上放着的是别人的手机，另一次是自己的手机。

主要研究结果

1. 仅仅把一部手机放在那就导致学生注意力、专心程度和完成复杂任务（即学生必须认真思考的任务）的表现下降了20%。

2. 不论学生在旁边看到的是自己的手机还是他人的，他们在这些任务中的表现都较差。

3. 研究发现，不论学生的性别、年龄、使用手机的频率以及对手机的依恋程度如何，学生的表现确实会下降。

相关研究

心理学研究已经充分证明了过度使用手机要付出诸多代价。例如，研究表明，上课玩手机的学生成绩越来越差，压力更大、更焦虑、更害怕错失机会。学生使用手机社交和发短信的频率也与其成绩呈负相关。

关于深夜使用手机的影响，研究人员已经进行了大量的研究，在深夜一次使用手机的时间超过20分钟的人汇报说每晚睡眠较少，睡眠质量较差。其他研究（见本书第90项研究）也发现了所有屏幕时间（如使用手机、电视、平板电脑和电脑）与健康状况、饮食质量和注意力下降之间的联系。

课堂启示

最近的一项调查发现，81%的人表示从来不关机。因此，即便不使用，学生也经常在日常生活中把手机放在身边。但是这样做的代价是什么呢？当手机在附近时，学生的注意力就会下降。但是正如这项研究的作者所指出的，“手机所产生的分散注意力的影响，在简单的任务中没有观察到，但是在复杂的任务中很明显”。

为什么会这样呢？这项研究的作者来自南缅因大学，他们的研究结论是，“当存在较少的、可能引发与任务无关的想法的刺激时，保持任务注意力更容易”。也许这就是为什么最近的一项检查发现，在禁用手机的学校，学生成绩有所提高。这种影响在学习困难的学生中最为明显（见本书第49项研究）。

鉴于学习是认知上的要求，因此可以公平地假设学生学习时，手机不应该放在旁边。眼不见，心为净。

参考文献：Thornton, B., Faires, A., Robbins, M., & Rollins, E. (2014). The mere presence of a cell phone may be distracting. *Social Psychology*, 45(6), 479–488.

31 • 棉花糖、可靠性和自我控制

研究概况

著名的“棉花糖实验”发现，能够延迟满足（也就是说，现在为未来的回报努力学习）的学生在学校和生活中表现更好。在这项测试中，研究人员给孩子一个棉花糖并告诉他们，可以立刻吃掉它，但如果现在不吃，等一等再吃，他们会得到两个棉花糖。研究人员用孩子推迟吃第一个棉花糖的时间来衡量延迟的满足感。

但是，如果孩子不信任老师呢？研究人员将孩子分成两组。在让孩子选择马上吃棉花糖还是等另一个之前，让孩子看到老师违背诺言（因此显得不可靠），或遵守诺言（表现可靠）。之后，研究人员测量了不同孩子在吃第一个棉花糖之前等待的时间。

主要研究结果

1. 认为老师不可靠的孩子在吃棉花糖之前平均要等大约3分钟。

2. 认为老师可靠的孩子在吃棉花糖之前平均要等12分钟以上。

3. 在之前见过老师不可靠的14个孩子中，只有1个孩子能等上整整15分钟。而在之前见过老师遵守诺言的14个孩子中，有9个孩子能够等待整整15分钟。

4. 看到某人说谎或信守承诺影响了所有孩子延迟满足的能力。不论年龄和性别，都是如此。

相关研究

这项研究提高了我们对延迟满足的理解。在这项实验之前，研究主要强调个人的等待能力（见本书第13项研究）。事实上，在没有考虑教师可靠性因素的研究中，孩子的平均等待时间约为6分钟。而在此实验中，这是在教师可靠的前提下，所用等待时间的一半，同时也是在教师不可靠的前提下，所用等待时间的两倍。

其他研究发现，少年儿童对未来的不确定性特别敏感。因此，有理由认为，如果孩子不相信会因为延迟满足而得到之后的奖励，就没有理由去等待。正如该研究的作者所指出的，“只有当你相信在合理的短暂等待后，第二个棉花糖很可能出现，并且棉花糖没有让人拿走的风险时，等待才是理性的选择”。

课堂启示

该研究的作者总结说，“我们证明了儿童等待更大奖励而不是迅速接受更少奖励的决定受到环境可靠性（在该实验中，研究者口头保证的可靠性）的强烈影响”。如果可靠性是儿童延迟满足能力的一个重要中介，则必须考虑教师可以采取哪些措施来帮助建立信任关系，创造一个持续稳定的环境（见本书第81项研究）。

措施应具有一致性和清晰性。学生如果清楚地了解对自己的期望、规则以及结果，那么模棱两可和疑惑不定就会减少。同样，持续、定期地执行这些规则将有助于确保教师的可靠性。学生可能不总是同意你所说的话，或者总是喜欢你所做的事，但是他们会更信任你。

参考文献：Kidd, C., Palmeri, H., & Aslin, R. N. (2013). Rational snacking: Young children's decision-making on the marshmallow task is moderated by beliefs about environmental reliability. *Cognition*, 126(1), 109–114.

32 • 记笔记

研究概况

你有没有想过学生在上课时应该记笔记还是完全专注于老师所讲的内容？学习者课前对学习材料的了解会有所不同吗？对于不同类型的学习，有些笔记是否比其他的更好？30多年前在加利福尼亚大学进行的研究已经全面回答了这些问题。

主要研究结果

1. 记笔记与不记笔记

在一节课中，与完全不记笔记的学生相比，记笔记的学生在课后的解决问题的测试中成绩要好12%。

然而，不记笔记的学生在要求回忆事实、统计数据和引用的问题上略胜一筹。

2. 笔记类型

在后续研究中，与那些在课堂上只记笔记的学生相比，在讲座结束或主题结束时记总结笔记的学生的测试成绩要好10%–15%，在回忆事实上要好13%–17%。

3. 哪些学生从记笔记中获益最大

研究发现，记总结笔记对那些已经熟悉课程内容的学生和不熟悉课程内容的学生都有好处。

相关研究

这些结果支持了大量现有的笔记研究，有证据表明，记太多笔记会分散注意力，使工作记忆超负荷。这也许就解释了为什么记总结笔记的学生比在整个课程中一直记笔记的学生表现得更好。

现在，许多学生在笔记本电脑上记笔记，不用纸和笔，这已经是司空见惯的事了。然而，最近的一项研究（见本书第72项研究）发现，用电脑记笔记的学生更有可能不加思考地逐字逐句抄写课堂内容。而那些用纸和笔记录的学生更有可能选择性地写下关键部分，改写成自己的话。这可能在加强记忆方面起到关键作用。

用自己的话记笔记的另一个好处是，它使人增加了与所记内容建立情感联系的机会。研究表明，一段记忆有越强烈的情感共鸣，就越有可能储存在长时记忆中。

课堂启示

记笔记可能是一把“双刃剑”。如果方法正确，则可以帮助学生在课堂上集中注意力，排除干扰。笔记还记录了课上所讲内容，供学生稍后参考。除此之外，正如研究人员指出的，“记笔记能鼓励学习者积极地在所呈现的知识和已经掌握的知识之间建立外部联系”。

然而，如果方法不正确，记笔记也会带来损失。笔记记得过多会占用宝贵的信息处理时间，分散学生听课的注意力。这使得学生不停地追赶，一字不差地实时写下所有内容，因而没有充足的时间思考、细想，并将老师所讲的内容与现有的知识和经验联系起来。

记一些总结性笔记有助于提高注意力，记录所讲内容，同时还强调了充分倾听并反思老师在课堂上所讲内容的重要性，这是最明智的策略。

参考文献：Peper, R. J., & Mayer, R. E. (1986). Generative effects of note-taking during science lectures. *Journal of Educational Psychology*, 78(1), 34–38.

33 • 冒充者综合征

研究概况

冒充者综合征（Impostor Syndrome）描述了这样一种信念：你没有别人认为的那么有才华，成功是运气使然，总有一天，你能力的不足将会暴露在每个人面前。有趣的是，那些成功人士经常会遇到这种情况。

最初，研究者是两位觉得自己就像是骗子的心理学家。她们想探索冒充者综合征的特征，以及可以采取哪些措施来控制和克服它。

主要研究结果

1. 冒充者综合征与以下因素有关：

◇ **神经质**

恐惧和担忧加剧

◇ **完美主义**

不现实或无法达到的目标

◇ **低效能感**

怀疑自己的能力

2. 在大多数情况下，患有冒充者综合征的人更有可能以一贯消极的方式来评价自己。

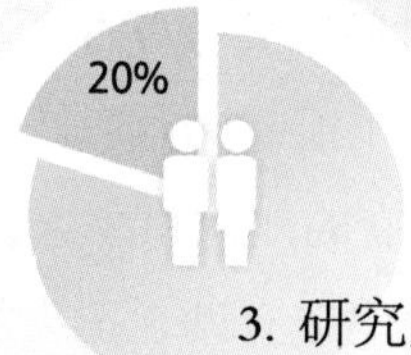

3. 研究发现，有20%的人患有冒充者综合征，对男性和女性的影响几乎相同。

4. 社会支持在减轻冒充者综合征的影响方面发挥着重要作用。

相关研究

研究发现，冒充者综合征与抑郁症和心理健康下降有关。有趣的是，其他研究发现，冒充者综合征的患病率甚至高于本研究报告。一份杂志报道称，研究发现有43%的学生有冒充者综合征倾向。

这项研究发现，男性和女性都同样有过冒充者综合征的经历，这一事实很有趣，因为它与之前的研究相矛盾。在之前的研究中，冒充者综合征在女性中更常见，尤其是成就高的女性。事实上，最近的一项调查发现，与同龄的男学生相比，女学生不太可能称自己“勇敢”，另一项研究发现，年轻女性对进入职场缺乏信心。

其他研究集中在哪些发展因素导致了冒充者综合征。这些因素包括家庭冲突、父母过度管控、对取得高分的重要性的不健康且令人困惑的态度，以及对失败的高度恐惧。

课堂启示

那么，教师能做些什么来帮助学生呢？研究者指出，“冒充者综合征患者尽管有着大量相反的客观证据，如卓越的学术成就和成功的职业经历，但这些人仍无法内化和接受成功的经验”。因此，关键是要花时间帮助学生意识到自己做了哪些于成功有益的事情，帮助他们学会享受自己劳动的成果。研究中详述的另一个策略是确保学生能够鉴别和运用周围的社会支持。

不断感觉自己是个冒充者可能会导致学生在紧张的情况下无法展现自己，如参加学校比赛或体育队的面试等。帮助学生有勇气坚定自己的信念，走出舒适区，这是一项生活技能，会让学生在毕业多年后依然受益。

参考文献：Vergauwe, J., Wille, B., Feys, M., De Fruyt, F., & Anseel, F. (2015). Fear of being exposed: The trait-relatedness of the impostor phenomenon and its relevance in the work context. *Journal of Business and Psychology*, 30(3), 565–581.

34 • 大声朗读

研究概况

苏斯博士（Dr.Seuss）曾评论说，“你读的书越多，知道的东西就越多；你学习得越多，去到的地方就越多”。但有没有一种方法可以让你读得更好，也就是说，更容易记住所读的内容？

研究人员进行了一项研究，让学生以4种不同的方式学习一组单词。一组大声朗读，一组默读，一组听自己读单词的录音，一组听他人读单词的录音。

主要研究结果

1. 研究人员发现，从最有效到最无效的学习条件是：

◇ 通过大声朗读来学习

◇ 通过听自己读的录音来学习

◇ 通过听他人的录音来学习

◇ 通过默读来学习

2. 大声朗读和听自己的录音这两种学习方式之间的差距非常小，在期末考试中只有3%的成绩差异。

3. 差距最大的两种学习方式是在大声朗读单词和默读单词上，前者比后者成绩要好12%。

相关研究

大声朗读提高了学习成效，这是“生产效应”（Production Effect）的一个例证。生产效应是指立即运用新信息进行创造，以使新信息印在脑海中，不受其他干扰而丢失。这就是为什么边学习边画画很有帮助，因为它可以生成一幅新画（见本书第82项研究）。

大声朗读是通过三个过程的结合来完成创造的：主动进行（在朗读时不是被动的）、视觉处理元素（看到单词）与自我参照（“我说了”）。

这些结果也证实了之前的研究结果（见本书第70项研究），当学生通过组合多种感官学习信息时，会加强学习效果。这是因为多管齐下的方法在学生的大脑中建立了一系列的联系，确保学习内容更有可能储存到长时记忆中（见本书第41项研究）。

课堂启示

鉴于许多学生经常选择也更喜欢在复习时阅读笔记，因此这项研究的结果非常重要，它表明一些通过阅读进行复习的方法比其他方法更好。教给学生大声朗读而非默读的重要性，能帮助学生提高学习效率，提高考试成绩。

作者总结说，学习和复述“在学习和记忆方面非常有价值，因为这是我们自己说的，用自己的声音在读。当需要重新调取信息时，可以运用这一独特的方式来帮助记忆”。

然而，需要注意的是，尽管大声朗读在本研究中是最有效的选择，也有研究表明，简单地阅读材料远不如其他策略有效，如提取练习（见本书第23项研究）。因此，仅仅依靠在学习期间阅读笔记，即使是大声朗读，也不是学习最有效的方法。

参考文献：Forrin, N., & MacLeod, C. (2018). This time it's personal: The memory benefit of hearing oneself. *Memory*, 26(4), 574–579.

35 • 吃早餐

研究概况

许多学生说自己经常不吃早餐。这个问题重要吗？

为了找到答案，研究人员进行了一项研究，比较了吃早餐、喝葡萄糖饮料和完全不吃早餐的学生。研究人员除了在整个上午进行注意力测试外，还进行了回忆测试，并让学生报告其感受。

主要研究结果

1. 注意力水平

随着时间的推移，所有学生的注意力都有所下降。然而，如果学生吃过早餐，这一下降幅度比没有吃过早餐的学生减少了50%–65%。

在最初的几个小时里，喝葡萄糖饮料实际上会导致学生的注意力下降幅度更大。

2. 记忆力

在复习课后4小时进行的记忆测试中，没有吃早餐的学生分数下降了12%，早餐只喝葡萄糖饮料的学生下降了27%，而吃早餐的学生成绩提高了3%–5%。

3. 警觉性

吃过早餐的学生在整个上午都最清醒。而葡萄糖饮料在最初几个小时起到了促进作用，但到了中午，就降到与那些没有吃早餐的学生一样低的水平了。

相关研究

关于吃早餐，除了在该研究中所论证的对记忆力和注意力的好处之外，还有大量研究探索了吃早餐的深远益处。例如，吃早餐有助于形成一天中更好的饮食习惯、改善身心健康、提高精力。

另一项研究的作者发现，“每天吃谷类早餐的人比那些每天不吃早餐的人更少抑郁，更少情绪困扰，感受到的压力也更低”。为什么会这样呢？另一篇评论的作者认为，“少吃一餐，尤其是早餐，会引起低血糖，导致情绪低落、易怒、疲劳”。不吃早餐似乎不仅与心理健康不佳有关，实际上，这正是导致心理健康问题的原因。研究人员也在那些错过与父母共进晚餐的学生中，发现了类似的结果（见本书第71项研究）。

最后，吃早餐能促进体育锻炼。在一项针对在校学生的研究中，与总是吃早餐的学生相比，偶尔吃早餐的学生进行的体育活动更少。这就是不吃早餐的人更容易肥胖、胆固醇水平更高的原因之一。

课堂启示

让学生了解吃早餐的重要性，这一点很重要。如果任其发展，许多学生不吃早餐或用葡萄糖饮料代替，这样做会对其学习成绩造成严重后果。例如，另一项研究发现，在11岁的孩子中，吃早餐的孩子在考试时取得高于平均分的概率是不吃早餐的孩子的两倍。

在某些情况下，学校可能会为部分或全体学生提供早餐。正如该研究的作者所指出的，“这项研究提供了明确的证据，表明谷类早餐对学生的认知功能具有积极作用，尤其是快到中午的时候”。

参考文献：Wesnes, K. A., Pincock, C., Richardson, D., Helm, G., & Hails, S. (2003). Breakfast reduces declines in attention and memory over the morning in schoolchildren. *Appetite*, 41(3), 329–331.

36 • 学习分流

研究概况

许多学校会根据学生的能力进行分组，即“学习分流”。但是，这对那些在学习上处于上游、中游和下游的学生有什么影响呢？研究人员抽取了英国19000名儿童作为样本，进行了为期5年的追踪，并研究其影响。

主要研究结果

1. 与没有分流的学生相比，处于中游的学生在数学、科学、阅读、写作上表现较差。

2. 与没有分流的学生相比，处于下游的学生在数学、科学、阅读、写作上表现较差：这种影响在数学上最明显。

3. 与没有分流的学生相比，处于上游的学生在数学、科学、阅读、写作上表现更好。

学习分流有助于学习处于上游的学生，但对于中游和下游的学生来说，效果要差得多。

相关研究

在许多英国学校中，学习分流仍然很受欢迎。最近的分析发现，进行分流的学校在威尔士占比19.5%，英格兰占比15.6%，苏格兰占比15.6%，北爱尔兰占比11.2%。

先前研究的重点是哪类学生最有可能被归类为低能力的学生，从而排在下游。这些变量包括社会经济背景较低的学生、男孩、少数民族和同年级中年龄最小的学生。最后一点相当有趣，因为那些同年级中年龄最小的人更有可能认为自己的数学、英语和整体学术能力较低（见本书第87项研究）。

有一项研究也得出了类似的结果，该研究追踪了青少年在数学方面取得的进步，发现综合能力小组对成绩差的学生特别有益，又不会阻碍成绩好的学生。正如这项研究的作者所指出的，“学习分流有利于成绩已经很好的学生，不利于处于中下游的学生，而且剥夺了他们与优等生一起学习的机会，扩大了优等生与后进生之间的差距”。

课堂启示

研究人员也从三个层面入手，研究了不同的期望值对不同分组中的学生成绩的影响。首先，从学生的角度来看，处于下游会导致自证预言，不能投入，进而表现不佳。其次，对学生期望较低的教师不太可能向他们提出挑战性问题，也不太可能对问题进行延伸（见本书第7项研究）。最终导致学生学到的内容不同，参加的考试相对简单，限制学生发挥潜力。其结果就是，这些学生将更加落后。最后，学习处于下游的学生的家长经常反映说，他们对孩子继续接受教育的期望较低。因此，如果学校确实按能力进行分流，则必须花时间和精力，确保这不会使家长对孩子学习的态度产生负面影响。

参考文献：Parsons, S., & Hallam, S. (2014). The impact of streaming on attainment at age seven: Evidence from the Millennium Cohort Study. *Oxford Review of Education*, 40(5), 567–589.

37 · 学业浮力

研究概况

在心态和动机方面最不为人知的心理学概念之一是“学业浮力”（academic buoyancy）。心理弹性（Resilience）通常是指一个人克服巨大压力事件的能力，而学业浮力则侧重于学生克服学校日常挑战的能力。这些挑战包括作业做得不好或者在课程截止日期的压力下学习。因此，这是教育心理学中的一个重要领域。

研究人员探索了学业浮力的关键因素以及如何加以发展。这项研究结果为致力于帮助学生在学校茁壮成长的人士提供了必不可少的阅读材料。

主要研究结果

研究人员认为，学业浮力有五个关键因素，可以帮助学生应对在学校面临的日常挑战。

研究人员称这五个关键因素为“5C”。

C1. 自信（Confidence）

学生有这样一种自信，如果努力学习，就有能力成功完成某项任务。

C2. 协调（Co-ordination）

更好的计划、准备和时间管理，避免拖延。

C3. 承诺（Commitment）

表现出高度的弹性、决心和毅力。

C4. 沉着（Composure）

管理精神紧张、焦虑和压力的能力。

C5. 控制（Control）

专注于重要的、可控的事情。

研究人员还发现，学业浮力的“五个关键因素”既适用于男生，也适用于女生，同样也适用于低年级和高年级的学生。

相关研究

目前研究人员对学业浮力的研究仍处于相对初级阶段。但我们有理由乐观，因为它的关键因素，如自我调节、成长型思维模式和元认知都与一系列积极的结果相关联（见本书第61项研究）。人们对于韧性已经有了深入的研究，虽然它与学业浮力相似，但还是有所不同。研究发现，培养心理弹性的方法包括确保高水平的挑战和支持、有益的自我对话以及将成功归因于内部因素（见本书第12项、第39项研究）。

另一项有趣的相关研究发现，女学生在焦虑量表上的得分明显更高，在学业上的麻烦也更多。就年龄而言，有证据表明，青少年早期是动机波动和情绪控制方面特别具有挑战性的时期。

课堂启示

在研究论文中，该研究的作者清晰明确地细分了教师如何在课堂上应用这一研究发现：

培养自我效能感（自信）包括调整学习结构，使成功的机会最大化；尽可能使任务个性化，解决学生对自己的消极信念；以及通过有效的目标设定发展能力。自我调节和目标设定也为提高学生的计划（协调）能力和坚持（承诺）的毅力提供了方向。

要鼓励学生设定有效的目标，展示如何朝着这些目标努力，这是保持毅力的重要手段。培养学生的自我调节能力也是一种手段，它可以在学生面对挑战时，提高学生的计划能力和坚持的毅力。这包括帮助学生更有效地利用时间，分清轻重缓急，明确任务、家庭作业和学习计划的预期或要求，以及制定检查学校作业的策略。

在控制方面，研究表明，向学生展示努力和有效的工作策略有多关键，将增强学生的控制感。通过运用有效的、一致的方式提供反馈，为学生的学习提供基于任务的输入，从而使学生清楚地知道如何改进，控制感也得到了发展。

参考文献：Martin, A. J., Colmar, S. H., Davey, L. A., & Marsh, H. W. (2010). Longitudinal modelling of academic buoyancy and motivation: Do the 5Cs hold up over time? *British Journal of Educational Psychology*, 80(3), 473–496.

38 · 聚光灯效应

研究概况

有人说过，“当意识到别人很少评论你时，你就不会那么担心别人对你的看法了”。在压力或紧张下，人们很容易相信所有的眼睛都盯着自己。但真的是这样吗，还是仅仅是头脑里的一个错误认知？

聚光灯效应（The Spotlight Effect）指的是人们倾向于高估他人对自己外表或行为的关注程度。康奈尔大学的研究人员热衷于对学生进行这方面的研究，他们在2000年合作进行了一系列古怪而有趣的研究。

主要研究结果

1. 在一项研究中，研究者让参与者穿着一件令人尴尬的T恤去听讲座（所选择的T恤上印有巴瑞·曼尼洛的脸）。参与者预测，将近一半的同学会注意到这件T恤。事实上，只有不到1/4的同学注意到了。

2. 聚光灯效应对所有参与者的影响是一样的，男女学生之间没有区别。

3. 聚光灯效应不仅仅表现在尴尬的场合，学生们也很可能会高估自己在穿着很酷或很有代表性的T恤（比如马丁·路德·金、鲍勃·马利或杰瑞·宋飞）时，他人对自己的关注程度。

4. 除了外表之外，聚光灯效应还存在于社交场合中（包括正面和负面）。学生认为，其他小组成员会记住比实际更多的有趣的、有攻击性的观点。

相关研究

其他研究发现，我们往往过分强调自己行为的重要性。例如，一项此类研究发现，人们总是高估自己对团队任务的贡献。同样，其他研究也发现，我们倾向于认为自己对现实的理解是客观的，而不是主观的。最后，人们常常认为其他人会和我们有同样的看法。这三个因素结合在一起，会导致两个人对同一件事的解释大相径庭。

这些研究大部分是针对儿童进行的，研究结果被称为“心智理论”。这描述了个体如何努力去理解他人与自己有着不同的信仰、知识和意图。这项研究通过将其应用于年龄较大的学生和加入社会地位因素来提高我们对这一问题的理解。

课堂启示

该研究的作者表示，“人们似乎认为，社会聚光灯明亮地照耀着自己，而且要比实际上更为明亮”。这有什么影响呢？“由于人们害怕被拒绝，也害怕别人的眼光，所以不会主动去接触他人；人们不去跳舞、唱歌、演奏乐器，也不会参加垒球比赛，因为担心自己看起来会很糟糕。”这样的例子在学校中比比皆是，学生在课堂上因为害怕自己看起来很笨而不提问，因为害怕被拒绝而不去参加学校戏剧的试演，或者因为害怕在同学面前出丑而对公开演讲感到焦虑。

研究人员在论文中总结说，“目前的研究表明，这些恐惧中有很多可能是不合时宜的或者夸大了的”。其他人可能并不像我们所预期的那样，会注意到或记住我们的缺点。教师可以通过解释和证明每个人都受到聚光灯的影响，营造一种犯错误不会被奚落和嘲笑的班级文化，将学生的担忧正常化，从而帮助学生克服聚光灯下的焦虑。

参考文献：Gilovich, T., Medvec, V. H., & Savitsky, K. (2000). The spotlight effect in social judgment: An egocentric bias in estimates of the salience of one's own actions and appearance. *Journal of Personality and Social Psychology*, 78(2), 211.

39 • 心理弹性

研究概况

教师、学校、决策者和家长对如何更好地培养年轻人的“心理弹性”（resilience）越来越感兴趣。随着社会不确定性和年轻人生活压力的增加，这一领域的重要性尤为凸显。但是，如何发展心理弹性呢？一个以研究为基础的循证项目又是什么样的呢？

研究人员最近回顾了现有的研究，提出了迄今为止最全面的建议。

主要研究结果

创建一个发展和增强心理弹性的研究项目应侧重以下三个不同的领域：个人品质、助长性环境和挑战心态。

1. 个人品质

包括但不限于：

◇ 高个人标准 ◇ 乐观

◇ 竞争力 ◇ 内在动机

◇ 自信 ◇ 自我谈话

◇ 专注于重要的事情和可以控制的事情

2. 助长性环境

确保高水平的挑战和支持。

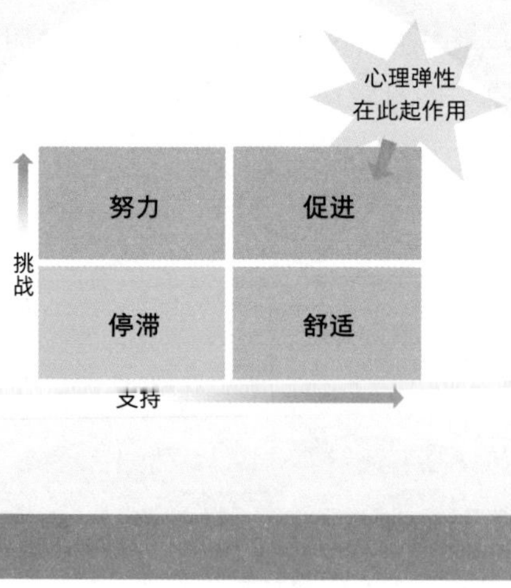

3. 挑战心态

将事情视为挑战而不是威胁。

这可以通过以下方式来实现：

◇ 关注你能获得什么

◇ 问自己“我能做些什么？”

◇ 不要灾难化思维

◇ 避免使用“应该”和“必须”这样的词

◇ 专注于积极有益的想法

相关研究

这项研究的作者是心理弹性研究方面的领衔专家。有趣的是，到目前为止，他们的部分研究集中在奥运会金牌得主如何发展其适应力。研究发现，认为自己的决定是积极的选择而不是牺牲、视挫折为成长机会的运动员心理弹性更强。

奥运选手所运用的策略还包括获得周围人的支持、确定成功动机以及从多种来源（即不仅仅是最后的成绩）获取信心。研究人员也调查了职场中的心理弹性，得出了类似的结论。

课堂启示

通常在心理干预中，重要的不是“做什么”，而是“如何做”。我们需要以一种让人放松的方式帮助其增强心理弹性，而不会让对方觉得这是一种惩罚或因为他们不够好。该研究的作者也论及了这一点，并提出了可能的解决方案：

由于人们对心理弹性存在误解，因此这方面的训练应该首先解释什么是心理弹性，什么不是。需要强调的是，不应将易受压力困扰或在逆境中挣扎视为软弱。相反，就此公开讨论是一种力量的标志，也是积极变化的潜在开端，有望使个人经受住压力，并在压力下茁壮成长。

一旦做到了这一点，那么“所有三个方面——个人品质、助长性环境和挑战心态——都需要妥善应对，以提高执行者承受压力的能力”。这种三管齐下的方法将确保个人技能、课堂文化和个人心态都有利于发展心理弹性。如果做到了这一点，那么我们的学生就有希望掌握在学校内外茁壮成长所需的关键技能和品质。

参考文献：Fletcher, D., & Sarkar, M. (2016). Mental fortitude training: An evidence-based approach to developing psychological resilience for sustained success. *Journal of Sport Psychology in Action*, 7(3), 135–157.

40 • 手机和睡眠

研究概况

很多人都会在睡前或在床上使用手机和平板电脑。这对大脑有什么影响呢？褪黑素，通常又称“睡眠激素”，在天黑时释放，触发人的睡意。但是，电子设备发出的强光是否会欺骗大脑，使其以为现在是白天，从而阻止褪黑素的充分分泌？

研究人员最近进行了一项研究来探索答案。他们让参与者在晚上11点开始使用平板电脑，并告知可以做任何喜欢的事情，如阅读、游戏或购物。然后在午夜和凌晨1点采集唾液样本，检查参与者的褪黑素水平。

主要研究结果

1. 晚上使用iPad一个小时几乎不会影响褪黑素的分泌

研究人员注意到，“即使没有抑制褪黑素的分泌，睡前使用自动发光的电子设备也可能会扰乱睡眠。很明显，这些任务可能本身就是警觉性的或有压力的刺激，进而导致睡眠中断”。

2. 然而，睡前使用iPad两个小时会使褪黑素分泌减少20%

因此，研究人员建议，“为了减少对褪黑素的抑制，应该在晚上将设备尽量调暗，并限制睡前使用时间”。

相关研究

最近的一份报告发现，现在地球上的手机比人还多。一项调查表明，有81%的人即使在睡觉时，也从来不关机。另一项研究发现，人们平均每天查看电子设备85次，而这项研究中的许多人并未察觉自己查看手机如此频繁。

关于电子设备与睡眠之间的联系的研究越来越多（见本书第90项研究）。一项此类研究发现，在睡前玩一个小时的手机意味着睡眠不足五小时的可能性几乎是平时的三倍。另一项研究发现了一个减少负面影响的好方法，那就是把背光调暗，让手机离脸部12英寸（约30厘米）以上。

在手机上的操作也会影响睡眠的质量和时长。人们发现，社交媒体和不断回复信息都会增加压力，降低免疫力。如果人们不得不使用手机，在睡前做一些让自己平静和放松的事情当然是明智之举。

课堂启示

显然，学校和老师对此爱莫能助，因为睡前使用电子设备显然属于“课余时间”的范畴。然而，睡眠不足和社交媒体的压力对学生第二天在学校的思维、情感和行为都产生了巨大的影响，并且已经蔓延到了学校的方方面面。

该研究的作者提到了这一点并写道，他们的研究结果“对年轻人和青少年等人群来说，这尤其令人担忧，这些人本来就更容易成为‘夜猫子’”。从幸福、生活和学业成就的角度出发，与学生谈论在深夜使用电子设备的危害及其对学习和考试成绩的影响，是有意义的。

参考文献：Wood, B., Rea, M. S., Plitnick, B., & Figueiro, M. G. (2013). Light level and duration of exposure determine the impact of self-luminous tablets on melatonin suppression. *Applied Ergonomics*, 44(2), 237–240.

41 • 图片和文字

研究概况

你认为怎样才能更好地学习：仅仅使用文字、仅仅使用图片、先看文字再用图片，还是同时使用文字和图片？为了找到答案，研究人员进行了调查。在两个实验中，研究人员先让学生学习如何运用不同的技术来使用自行车打气筒。之后，学生们参加了问题解决和口头记忆测试。

主要研究结果

研究发现，用文字和图片一起学习可以达到更好的学习效果。特别是在解决问题的测试中，这些学生：

◇ 正确回答的问题比只用文字进行复习的学生高出两倍多。

◇ 正确回答的问题比只用图片进行复习的学生多出50%。

◇ 正确回答的问题比先看文字后看图片进行复习的学生多出约50%。

当学生需要口头回忆所学内容时，将文字和图片结合进行复习效果甚微。而当学生需要把学到的知识应用于不同的问题、情境和疑问时，差别就显现出来了。

相关研究

这项研究印证了“双重编码”的记忆策略，这是认知负荷理论的一部分（见本书第89项研究）。研究者解释说，“该理论预测，如果学习者用视觉和语言两种方式对材料进行编码，则会更好地记忆和传递材料，因为他们有两种不同的方法用于在记忆中查找信息”。

因此，当学生同时使用文字和图片进行学习时，这就建立了材料的语言表征和视觉表征，同时也加强了两者之间的联系。这个过程可将信息整合到长时记忆中。

研究发现，双重编码可以提高小学生、中学生和大学生的记忆力和学习能力。此外，在实验室环境中、现实环境中（即在学校中）以及一系列学科中都发现了这种效应。

课堂启示

许多学生使用各种技能来帮助自己记住大量的材料，包括记笔记或制作思维导图等。这项研究以及背后的理论表明，这一策略可能并不完整。正如该研究的作者所言，“研究结果表明，即使教学中既涉及文字又涉及图片，如果不将文字和图片联系起来进行呈现，作用就要小得多”。显然，同时做这两件事比一件接一件做要有效得多。

使用双重编码的一个好方法是，思考你可以写下哪些文字来描述视觉图像，或者哪些图像可以帮助从文本中获取核心信息。关键是要了解哪种类型的视觉效果最适合不同主题或话题的文本。文本描述和视觉图形越一致，就越有可能促成更深层次的学习。

参考文献：Mayer, R. E., & Anderson, R. B. (1991). Animations need narrations: An experimental test of a dual-coding hypothesis. *Journal of Educational Psychology*, 83(4), 484–490.

42 • 教授他人

研究概况

学习和复习的最佳条件是什么？激励学生准备即将到来的考试，这是否会有帮助？还是告诉学生要将知识教给某个同学更有益？

这些都是研究人员想要回答的问题。在两个实验中，研究者把100名学生分成两组（教授他人组和准备考试组）。然后测量学生学到了什么、学到了多少以及考试成绩如何。

主要研究结果

1. 与认为会有考试的学生相比，以教授他人为目的来学习的学生记住得更多，记忆效率更高。

2. 在期末考试中，预期要教授他人的学生比准备考试的学生成绩要好12%以上。

3. 那些认为自己要去教授他人的学生，除了在考试中记得更多、成绩更好之外，也更有可能记住重要信息和关键话题。

相关研究

大量研究发现，当学生教授他人时，会获得显著的学习收益。这在研究中称为“门徒效应”（the Protégé Effect）。然而，值得注意的是，并不是所有的研究都显示出这种效应。造成这些复杂结果的原因可能是某些学生在公共场合演讲时焦虑和压力增加。

课堂启示

当学生意识到自己不需要教授他人时，情况会怎样？这会抵消积极的影响吗？研究人员在一项单独研究的基础上提出了一个策略，以帮助教师克服这一难题。研究者建议，“或许告诉学生，教室里至少有一位学生需要教授他人——但不透露是哪位学生——会促使所有学生做好准备，就好像他们会是那个授课的人一样”。这将使学生“处于困境”，从而鼓励更深入地学习。

研究人员指出，“因此，为学生营造教授他人的期望似乎是一种简单的干预手段，但却有可能提高家庭和课堂的学习效率”。

这为什么有效呢？研究人员解释说：期望教授他人的参与者把自己放到教师的思维模式中，引导学生采取一些有效的策略进行教学准备——例如学生要组织和权衡所要教授的教材中的不同概念的重要性，要关注知识要点，思考如何将知识融合在一起。

期望教授他人也能帮助学习者对重要信息进行分类，鼓励其彻底地复习，了解自己学了什么，还有哪些知识不清楚，从而为棘手的问题做好准备。这一方法有效的另一个原因是，它鼓励自我解释（提升细节和深度）和精细探询（问自己“为什么会这样？”）。这两种方法都与更高水平的理解能力和记忆力有关。

参考文献：Nestojko, J., Bui, D., Kornell, N., & Bjork, E. (2014). Expecting to teach enhances learning and organization of knowledge in free recall of text passages. *Memory and Cognition*, 42(7), 1038–1048.

43 • 伪专家的夸夸其谈

研究概况

许多人倾向于高估自己的知识、技能和能力。如果我们相信自己在某一领域是专家，是否更有可能夸大我们实际知道的东西？来自康奈尔大学和杜兰大学的研究人员进行了一系列研究来寻找答案。

为举例说明测试是如何进行的，研究人员要求参与者对一系列关键术语的熟悉程度进行评分。其中有些术语是真的，有些是假的，而参与者并不知情。例如，在银行部门，真实术语包括“固定利率抵押贷款”和“房屋净值”，虚假术语包括“预评估股票”和“年化信贷”。

主要研究结果

1. 超过90%的参与者声称对一些虚构的术语有所了解。

2. 那些在简单的测验中表现出色，因而感觉自己在某个话题上更像专家的人，接下来更有可能过分夸大自己的知识。

3. 参与者越认为自己是专家，就越有可能过分夸大自己的知识。

4. 研究者发现，在科学、地理、金融和文学等一系列研究和主题中，确实存在这种伪专家的夸夸其谈。

5. 即使明确告知参与者将要阅读的某些信息是错误的，其中许多人仍然会过分夸大自己对这些主题的了解。

相关研究

其他研究表明，人在预测自己的能力水平方面并不是很准确。迄今为止，这主要集中在新手或对手头的任务不太擅长的人身上，他们高估了自己的能力。这就是邓宁-克鲁格效应（见本书第18项研究）。

也有研究发现，专业知识和权威的吸引意味着人有时会受到虚假信息的诱惑。这就是为什么人们倾向于相信听起来科学的事情，即使它是错误的也依然如此（见本书第55项研究）。

最近的另一项研究着眼于成为伪专家的其他代价。研究发现，认为自己是专家的人更有可能思想封闭；当新的、矛盾的证据出现时，他们拒绝改变原来的观点。这是一种确认偏差，因为人们想要与自己先前的想法、信念和行为保持一致（见本书第45项研究）。

课堂启示

该研究的作者提醒人们要警惕伪专家夸夸其谈的陷阱，研究者说，“夸夸其谈的倾向可能会阻碍人们在那些自认为知识渊博的领域进行自我教育，而这些领域往往可能对他们来说很重要”。苹果公司创始人史蒂夫·乔布斯暗示过这一点，他建议人们要“求知若饥，虚心若愚”。

如果学生认为自己已经是专家了，可能会导致固定型思维模式，而不是寻找发展和提高的机会。固定型思维模式与较低的分数、较差的应对能力和较低的心理健康水平有关（见本书第68项研究）。教师可以通过不断地给学生布置富有挑战性的学习任务，并提供有规律的、关注具体步骤的反馈来帮助学生提高自己。这将有助于学生有自知之明——无知并不可怕，可怕的是自认为无所不知。

参考文献：Atir, S., Rosenzweig, E., & Dunning, D. (2015). When knowledge knows no bounds: Self-perceived expertise predicts claims of impossible knowledge. *Psychological Science*, 26(8), 1295–1303.

44 · 科勒效应

研究概况

在20世纪20年代，德国心理学家奥托·科勒（Otto Köhler）发现，当两个人共同完成一项任务时，较弱成员的个人表现要比其单独完成任务时更好。这就是所谓的“科勒效应”（the Köhler effect）。例如，如果将登山者拴在一起，且只能以最慢的成员的速度前进，这仍然比最慢的人自己走要快。

为了更详细地探索为什么会发生科勒效应以及如何更好地促进它，研究人员回顾了所有现有的研究。

主要研究结果

1. 为什么科勒效应有效

与能力更强的人一起工作，会促使能力较弱的成员……

◇ 更努力地完成这项工作

◇ 为可能的事情设定一个更高的基准

◇ 不想让队友失望

2. 科勒效应在以下情况下最有效

◇ 当一个人的努力程度明显地影响任务的结果时

◇ 当他们觉得自己和他人有关联时

◇ 当他们相信对方也在努力工作时

◇ 如果他们能定期得到关于个人表现和努力程度的反馈

◇ 如果双方的能力差距不是太大或太小

◇ 当你不总是和同一个人一起工作时

相关研究

最近的一项研究也支持了科勒效应，研究人员发现，在游泳接力赛中，身体较弱的游泳者往往比自己游泳时游得更快。而团队中较强的成员的游泳速度则与自己游泳时的速度相当。这可能就解释了为什么混合能力的班级往往有利于较弱的学生（见本书第36项研究）。

科勒效应不能与“社会惰化”（social loafing）相混淆，后者指的是当任务中加入更多的成员时，每个成员的个人表现都会下降。科勒效应和社会惰化之间的主要区别在于，前者已经知晓了个体的努力，较弱的成员的水平因而得以提高。然而，如果每个成员的努力水平不明确，并且不清楚他们的努力对整体结果的影响，那么社会惰化就会发生，每个成员的表现水平也随之下降。

课堂启示

当老师把一位后进生安排在一位优等生旁边时，也会产生类似的效果（见本书第20项研究）。老师希望这能有助于提高能力较低的学生的努力水平和成绩。然而，这与科勒效应略有不同，因为科勒效应更加侧重于个体作为共同任务的一部分而非单独行动时的表现。尽管如此，这一理论仍可以潜在地应用于小组合作和两人一组的演示。

当研究人员得出结论时，他们确实对这一理论在课堂上的应用提出了告诫，同时态度仍然是积极的，他们总结说：

迄今为止，大多数研究都是在科学实验室的人为条件下进行的，有短期的、临时的小组和相当简单的任务……然而，越来越多的证据表明，在日常情况下，科勒动机增益效应依然发挥作用。因此，尽管有必要进行更多的研究，但我们乐观地认为，在实验室环境之外，也能发现和利用科勒效应，从而为更积极、更成功的团队合作作出广泛贡献。

参考文献：Kerr, N., & Hertel, G. (2011). The Köhler group motivation gain: How to motivate the “weak links” in a group. *Social and Personality Psychology Compass*, 5(1), 43–55.

45 • 宜家效应

研究概况

“宜家效应”（the Ikea Effect）描述了与他人相比，一些人如何高估自己的想法、努力和创造。这一现象是以瑞典一家家具店命名的，宜家要求顾客自己组装家具，这在一定程度上解释了为什么有些人执着于自己的想法，高估自己努力的质量，比别人更看重自己努力工作的成果。这也许就是为什么有些人很难做到——用动画片《冰雪奇缘》的话说——“放手吧”。

来自哈佛商学院、杜兰大学和杜克大学的研究人员进行了一系列研究，以了解宜家效应的普遍程度。

主要研究结果

1. 一半的参与者自己动手组装了一件宜家家具，而另一半参与者则检验了一件组装好的与前者相同的家具。之后，他们各自估算了家具的价格。结果那些自己动手组装家具的人估算的价格要比另一组的人估算的价格贵63%。

2. 亲自动手组装家具的人也更有可能报告说更喜欢自己的家具。

3. 这一发现在自己制作折纸的参与者身上也得到了验证。与没有参与制作的人相比，他们愿意支付高出近五倍的价格。

4. 在将自己的作品与专家的作品进行比较时，如果是自己努力创作的作品，参与者也会给予相似的评价。

5. 最后，在另一项研究中，如果满足如下条件，参与者更有可能给乐高玩具赋予更高的价值：（1）是自己的；（2）是自己搭的。

相关研究

由于这是一个相对较新的心理学领域，所以相关的研究并不多。这意味着，在不同类型的样本和不同条件设置下，如果这些结果能够再次得以测试和复制，结果会更可靠。

与其最相关的研究分为两类。第一类是“竭力辩护”（effort justification），研究发现一个俱乐部成员入会情况越糟糕，成员就越倾向于认为这是值得的。这表明他们希望相信自己的努力是合理的。令人惊奇的是，这一发现在对老鼠和鸟类的研究中也得到了证实，这两种动物都更喜欢那些必须努力才能获得的食物。

在心理学中与宜家效应相似的另一类研究领域是“确认偏误”（confirmation bias）。这表明，人们往往更喜欢自己之前就同意的人和观点。与之前的活动保持一致的需求驱动了我们对新情况的感受。

课堂启示

显然，重视自己的成就和辛勤工作并没有错。然而，问题在于我们看到的事物和别人看到的并不一致。研究人员用出售房子来做比喻，“例如，卖家认为对房子的改善——比如亲手铺设的砖砌走道——能够增加房子的价值，而这对于买家而言，只是一个粗制滥造的人行道”。

这有助于解释为什么有些人很难放下自己的“好主意”。在应该放弃并想出一个更好的想法时，仍然固执已见，这就好比是赌徒把钱扔进了垃圾箱。当别人看不到你建议的价值时，沮丧就会加剧，情况可能会因此变得更糟。尽管心理弹性和毅力是令人钦佩的品质，但如果我们能够准确评估那些“绝妙想法”的价值，知道我们对自己的工作、想法和努力有偏见，可以帮助每个人节省时间和金钱。

参考文献：Norton, M., Mochon, D., & Ariely, D. (2011). The “IKEA effect”: When labor leads to love. *Journal of Consumer Psychology*, 22 (3), 453-460.

46 • 父母的信念

研究概况

在数学这门学科中，学生往往对自己是不是有能力学好数学很有主见。关于父母的信念及其对学生如何看待自己数学能力的影响方面，最重要、最有趣的研究之一是在30多年前进行的。

在这项研究中，密歇根大学的研究人员对10岁至15岁的儿童及其父母进行了一系列的问卷调查。他们想知道父母的态度和期望有多强烈，以及这些在男孩的父母和女孩的父母之间是否有所不同。

主要研究结果

1. 一个孩子对自己能力的看法和对未来成功的期望在很大程度上取决于父母的看法。这实际上比孩子之前在该科目上的成绩的影响更大。本质上，他们更相信父母，而不是自己的成绩。

2. 其中，母亲对孩子能力的态度和信念比父亲的影响更大。

3. 与男孩的父母相比，女孩的父母认为数学对孩子来说更难，女孩必须更加努力才能学好数学。母亲和父亲都持有这一信念。

4. 与女孩的父母相比，男孩的父母认为高等数学对孩子来说更重要。

相关研究

最近的研究集中在哪些父母的态度和行为最有可能帮助学生取得更好的成绩。到目前为止，最重要的是有较高的学业期望（见本书第11项研究）。这包括父母对学校的重视程度、对老师的态度以及对教育的整体价值的态度。其他方面包括与孩子定期沟通、鼓励良好的阅读习惯（见本书第54项研究），以及为家庭作业和社交休闲时间设定明确的界限和安排。

之前的证据表明，家长（和老师）倾向于在潜意识里对不同性别的孩子在学校能取得的成绩存在偏见。一些研究发现，男孩一旦进入教育的后期阶段，家长的期望会更高。事实上，有趣的是，一项研究（见本书第19项研究）发现，父母表扬儿子努力的可能性是表扬女儿的两倍多。也许这解释了为什么其他研究发现，尽管都花了同样多的时间做作业，女孩却认为自己必须比男孩更努力地学习数学。

课堂启示

该研究的作者指出，研究的主要发现是，“父母的信念比孩子自己的成绩更重要”，“通过将女儿的成绩归因于努力，而将儿子的成绩归因于能力，父母可能正在传递给子女就自己的成就能力得出不同的推论”。

这意味着，每当父母说孩子“不是学数学的料”时，都会对孩子对数学潜能的信念产生非常严重的负面影响。这表明，与家长密切合作，帮助学生提高志向、期望和表现，将是一种卓有成效的策略。家长会是一个绝佳的机会，教师们不仅可以与家长讨论孩子们的学习情况，还可以让家长了解这类研究，以及他们的话对孩子学习成绩的影响程度。

参考文献：Parson, J., Adler, T., & Kaczala, C. (1982). Socialization of achievement attitudes and beliefs: Parental influences. *Child Development*, 53(2), 310–321.

47 • 动机来自何方

研究概况

如果你必须学习一个新课题，而这个课题的教学方法是最无聊的，你认为激励自己的最佳方式是什么呢？来自爱荷华大学和俄克拉荷马大学的研究人员将学生分成了四组进行研究。第一组没有给学生努力的理由；第二组学生得知关于这个课题会有一个重要考试；第三组学生被告知努力是“应该”做的事情，这是对他们的期望；最后，第四组学生得知将学习一项对未来有帮助的新技能。

主要研究结果

第四组以培养未来技能为重点，学生在这一系列衡量指标上表现更好。具体来说：

◇ 他们认为这一课题更重要。在某些情况下，这一差异比其他三组高出25%。

◇ 他们有更高程度的自主权，也就是说，有更强的内在动力。

◇ 他们更有可能在课堂上付出更多努力。其他三组，包括为了考试、应该努力或没有理由，付出的努力更少。

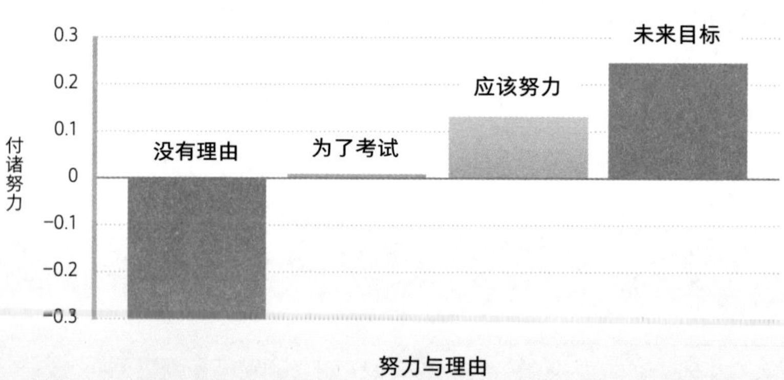

相关研究

研究人员已经针对如何最好地提高动机进行了大量研究（见本书第26项、第44项研究）。一篇有趣的论文发现，如果一个人觉得自己在做什么或如何做这件事上有合理的选择，或者他知道他为什么这么做，又或是得到了高质量的反馈，那么他的动机就会提高。其他研究表明，如果人们感觉自己正在变好或正在学习新事物，则动机水平将维持在较高水平上。

在有关目标设定的研究中还发现了其他提高动机的方法。如果做得正确、既具有挑战性又具有现实性，并且注重过程，就能提高学生的注意力、课堂参与度和学生选择具有挑战性任务的可能性。结果，学生最初的表现得到改善，这创造了一个更高的激励水平和更好的后续表现的良性循环。

课堂启示

帮助某些学生保持动机水平是每位老师都会遭遇的问题。与其把动机看作你给学生的东西，不如把动机看作你可以帮助学生发展的东西。这项研究给出了问题的答案。很明显，强调即将到来的考试的重要性，这虽然有助于在考试前提供短期的激励，但对培养学生在持续时间内学习大量材料所需的内在动机并无多少益处。

这项研究的作者确实注意到，“认为只要简单地告诉他人某项活动是有用的，就能使其认同这件事的价值，这是对研究结果的误读”。理解一项活动为什么重要，帮助学生确定这对自己有哪些直接的帮助，以及这将助其实现目标，是促进有意义的动机的更有效方法。

参考文献：Reeve, J., Jang, H., Carrell, D., Jeon, S., & Barch, J. (2004). Enhancing students' engagement by increasing teachers' autonomy support. *Motivation and Emotion*, 28(2), 147–169.

48 • 学生做白日梦

研究概况

你觉得你正在上一堂很棒的课，但是学生真的在专心听讲吗？学生们做白日梦有时很明显，有时也很难发现。那么，走神在课堂上有多普遍呢？什么时候最有可能走神？走神的代价是什么？

加拿大滑铁卢大学的研究人员对154名学生进行了为期12周的跟踪调查。他们要求参与者在上课的不同阶段，评价自己的注意力水平，并报告刚刚关注的内容。研究结果让我们比以往任何时候都更了解学生在课堂上真正投入了多少注意力。

主要研究结果

1. 学生有1/3的时间在走神。其中有14%的时间是学生在无意中做白日梦，有20%的时间是学生主动选择思考课堂以外的事情。

2. 在50分钟的课中，学生的注意力水平不会直线下降。有趣的是，在一堂课中，第3/4阶段的注意力水平实际上比最后十几分钟要更低。

3. 学生在周一和周五最容易走神。在周三注意力最集中。研究人员推测，这可能是因为学生担心即将到来的一周，或者是被周末的事情分散了注意力。

4. 在临近期末上课时，学生更有可能在课堂上分心。原因之一可能是学生的心思都放在了担心即将到来的考试和考试不及格的潜在后果上。

5. 不出所料，学生做白日梦越多，考试成绩就越差。所有学生都是如此，不论其之前的学习成绩如何。

相关研究

在20世纪70年代，这一领域的最早的研究报告之一是让学生报告每次老师按铃时他们在关注什么。令人惊讶的是，学生们报告说，他们在课堂上没有专注于手头任务的时间与40多年后参与这项研究中的学生相同。两组学生都报告说，他们有33%的时间集中在与课程无关的事情上。

其他研究也发现了类似的学生注意力不集中现象。其他研究也强调了注意力会在30分钟后下降，教室内过度装饰会让年轻学生分散注意力，从而降低他们的学习速度（见本书第93项研究）。怎样做才能减少注意力分散呢？一些研究人员假设动机和白日梦之间存在某种联系，增加动机会使白日梦减少。

事实上，该研究的作者指出：有意识的走神可能会通过干预来减少，这些干预会增加学生的表现动机，或增加他们对听课材料的感知价值。另外还可以通过在课堂上加入随堂问答来提高学生的参与动机，并将回答的准确性计入期末成绩。

课堂启示

根据这项研究的结果，教师可以做些什么呢？鉴于学生在周一和周五更容易走神，该研究的作者建议，“教师可以考虑在周三来呈现更多的或最重要的知识”。

除了在教授某些话题时转移话题之外，还有许多得到证实的因素和行为与更好的注意力有关。包括有规律地睡个好觉、每天早上吃早餐、喝大量的水、有规律地锻炼、在课堂上记笔记（见本书第32项研究）和关掉手机等。如果教师能明确地把这些教给学生，就可以为学生提供更广泛的策略，使其在课堂上更加集中注意力。

参考文献：Wammes, J., Boucher, P., Seli, P., Cheyne, J., & Smilek, D. (2016). Mind wandering during lectures I: Changes in rates across an entire semester. *Scholarship of Teaching and Learning in Psychology*, 2(1), 13–32.

49 • 禁用手机问题

研究概况

学校应该禁用手机吗？手机和所有的技术一样，既有优点又有缺点。它为人与人之间的联系和想法交流创造了机会，也有一系列供学生复习的应用程序。然而，手机上的社交媒体和游戏可能会分散学生对学习的注意力。

研究人员采用一种长期的、基于证据的方法，衡量了多年来学校禁用手机的影响。研究者跟踪调查了执行禁令的学校、执行不力的学校和没有执行禁令的学校。追踪了禁用手机在“普通中等教育证书考试”（GCSEs）中对学生成绩的影响。

主要研究结果

1. 在一所禁用手机的学校就读的学生，考试的成绩平均提高了6.4%。

2. 这种效应在成绩表现不佳的学生中最为明显，那些过去成绩不佳的学生最终成绩平均提升了14%。

3. 优等生没有从禁用手机政策中获益，但也没有遭受任何负面影响。

4. 在一所禁用手机的学校就读的学生，更有可能在GCSEs考试中获得至少5个A*−C等级。

5. 那些执行禁令不力的学校，其学生考试成绩的提升幅度不如全面执行禁令的学校。

6. 学校禁用手机的时间越长，学生考试成绩的提高幅度就越大。

相关研究

过度使用手机会降低注意力（见本书第30项研究）、增加对错过的恐惧、加剧焦虑和压力，还会妨碍记忆和睡眠（见本书第40项研究）。有证据表明，对坐在教室里的很多人来说，技术并不是人们想要的答案。例如，在电子设备上记笔记的学生对课程的记忆较少，考试成绩也较差（见本书第72项研究）。

同样，即使明确说明要如何使用技术，许多人还是会玩游戏和上网浏览。最后，另一项研究发现，经常使用手机的学生成绩更差。这一发现适用于所有学生，无论性别或之前的平均成绩如何。

课堂启示

世界各地的学校已经开始禁用手机，包括法国、美国和英国的许多学校。这项研究表明，这些学校的做法是正确的。正如该研究的作者所指出的，“高度多功能的技术，如手机，会分散注意力，进而对工作效率产生负面影响。禁用手机的学校里的学生在随后的考试中，分数有所提高”。

研究人员在结论中提醒说，“如果合理使用手机，不可否认，它会成为有益的学习工具”。然而，鉴于目前尚不清楚如何在学校合理使用手机，所以，禁用手机是明智的，其好处大于坏处。

禁用手机这一策略很可能遭到学生和家长的反对。普遍反对这样做的理由是：（1）手机是一种安全设备，让学生放学后能与家长联系；（2）手机是21世纪的一部分，学校应该予以接受。针对前一种观点，学生可以在放学后打开手机；而后一种观点则不成立，因为整体来说，手机不会带来更好的学习效果。

参考文献：Beland, L. P., & Murphy, R. (2015). *Communication: Technology, distraction & student performance*. CEP Discussion Paper No. 1350, Centre of Economic Performance.

50 · 散步的好处

研究概况

古希腊医生希波克拉底说过："如果你心情不好，去散散步；如果你仍然心情不好，那就再去散散步。"那么，散步真的有助于改善情绪吗？如果你知道散步后必须要做一件非常困难和无聊的任务，那该怎么办？一次"短距离散步"需要多长时间才能让人们从中获得心理上的好处？

来自爱荷华州立大学的研究人员杰弗里·米勒和兹拉坦·克里赞试图通过三个实验来寻找答案。

主要研究结果

1. 散步12分钟的学生比花同样时间坐着看照片的学生感觉好得多（提升了20%），包括幸福、专注和自信的感觉。

2. 尽管学生知道散步后必须完成一项艰巨而枯燥的任务，仍然因为散步而得到了积极的情绪提升。而一直坐着的人却没有。

3. 只进行了5分钟的短距离散步的参与者仍然受益，而且之后感觉更好。

4. 甚至不需要到室外才能体现散步休息的益处。学生们在室内散步一会儿之后，感觉会好很多。站着或坐着不动的学生感觉更糟。

相关研究

大量的新研究强调了体育锻炼的诸多益处。例如，研究人员发现，经常锻炼的人能更好地应对压力大的情况，并在锻炼的日子里感到更专注、更警觉。同样，最近的一项研究发现，与那些不锻炼的学生相比，在课后锻炼4个小时以上的学生能够回忆并记住更多信息。

运动的长期影响现在众所周知，包括但不限于增强认知功能、有利身体健康、感觉更加清爽。散步的地方也很重要，最近的证据表明，在自然中散步的人要比在城市中散步的人得到额外的提升（见本书第59项研究）。这是因为城市环境使得人们保持警惕，从而抵消了散步可能产生的一些积极的心理影响。

课堂启示

这项研究有助于帮助学生调节情绪。这可能就是为什么“学会散步”或者用快速散步来中断学习会有所帮助。那么，为什么学生不多去散步呢？研究人员指出，“人们可能低估了离开沙发去散步的好处，他们关注的是暂时感知的障碍，而不是最终的情绪改善”。

该研究的结果再清楚不过了，因为“散步会对精神状态产生强大而持续的影响，所以我们应该利用这些影响来改善健康和表现”。值得欣慰的是，这些证据表明，散步并不需要走很远，也不需要花费很长时间。即使是5–10分钟也能让学生在接下来的一天中精神振奋。

参考文献：Miller, C., & Krizan, Z. (2016). Walking facilitates positive affect (even when expecting the opposite). *Emotion*, 16(5), 775–785.

51 • 压力心态

研究概况

压力并不总是不好的。用“金发姑娘效应”（Goldilocks effect）来描述可能更为准确——过多或过少都没有帮助。如果有足够的动力来激励一个人，但又不至于妨碍他的行为，那么他的思维和表现就可以得到提高。

这个问题的核心是人们如何理解压力。一些人认为压力完全没有好处，而另一些人则认为压力有一些潜在的好处。这就是你的“压力心态”。耶鲁大学的研究人员进行了一项研究，测试“压力心态”是否真的存在，如果存在，会产生什么影响。

主要研究结果

1. 可以从两个方面来看待压力：可能提高表现，也可能降低表现。

2. 压力心态是可以培养的。如何让压力帮助我们是关键。

3. 认为压力有益的人说：

◇ 感觉更好

◇ 有更好的工作表现

◇ 更有可能寻求反馈

4. 如果参与者的皮质醇（压力荷尔蒙）水平较高，那么认为压力是有好处的这种信念有助于降低皮质醇水平。

如果参与者的皮质醇水平较低，那么认为压力是有好处的这种信念有助于提高皮质醇水平，这能帮助参与者找到最佳状态。

相关研究

研究发现，压力在6种主要的死亡原因（心脏病、事故、癌症、肝病、肺病和自杀）中扮演着重要的角色。压力还与病假、生产力下降、抑郁和整体表现下降有关。然而，值得注意的是，从进化的角度来看，压力在人的生存中扮演了关键的角色，它使我们的祖先在危险中跑得更快、思考得更快。适当的压力也可以帮助人们更有效地学习和工作（见本书第60项研究）。

研究人员从两个不同的角度研究了压力的好处：生理和心理。从生理角度来看，有证据表明，适当的压力可以引起某些激素的释放，这些激素有助于修复细胞，并使身体更强壮、更健康。从心理角度来看，一些研究人员发现，由于经历了压力环境，有的人会认为生活更有意义、自己的适应力变好、有了新的看待生活的视角和更好的人际关系。即“与压力相关的增长”。

课堂启示

这项研究并不是说压力越大越好，也不是说经历压力就没有坏处。相反，该研究的作者指出，“研究结果表明，人们可以接受一种增强压力心态，这对改善健康和工作表现有积极的影响”。

这表明，在压力大的时候，例如考试期间或公开演讲期间，教师需要帮助学生做好以下三件事。首先，要从压力中汲取更大的技能和知识基础。一个人在某件事上能力越强，做这件事的时候就越不容易感到有压力。其次，自我调节和元认知技能有助于在压力下发挥最佳水平。最后，一个人的压力心态不是一成不变的。专注于如何解释事件本身和一个人对压力的态度，可以显著减少负面情绪，同时提高表现。

参考文献：Crum, A., Salovey, P., & Achor, S. (2013). Rethinking stress: The role of mindsets in determining the stress response. *Journal of Personality and Social Psychology*, 104(4), 716–733.

52 • 如何提供更好的反馈

研究概况

考虑到给予反馈所投入的时间、精力和努力，了解什么是好的反馈是很有用的。来自奥克兰大学的研究人员约翰·哈蒂和海伦·蒂姆伯雷对现有的研究进行了全面的回顾，他们的研究结果提供了一些简单的建议、策略和指导方针，告诉我们什么方法最有效。

主要研究结果

1. 为了使反馈更有效，必须回答3个问题：

反馈什么？这使你的目标非常明确。

如何反馈？这是进步的标志。

反馈后下一步做什么？这也许是最重要的问题，因为它关注的是改善的策略。

2. 研究人员还确定了四种反馈类型，并对其有效性进行了评价

关于个人的反馈。这是最无效的，会导致标签化，如“你很聪明”或“你不擅长数学”等，这两种标签都没有助益。

关于任务的反馈。这是最常见的，为工作是否正确提供了信息。如果学生对学习任务有错误的理解，这种反馈通常是有效的。

关于流程的反馈。为学生提供如何完成任务的信息。这促使学生搜索出更多的信息，往往促成更深层次的学习，而不仅仅是对任务的反馈。

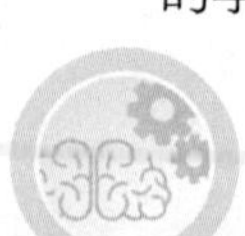

关于自律的反馈。这涵盖了学生如何监控自己的表现、调整行动和策略，对初学者更有效。

相关研究

一项关于反馈研究的著名评论表明，38%的反馈干预实际上弊大于利（见本书第25项研究）。因此，这一课题得到了广泛的研究（见本书第97项研究）。因为这太重要了，不能出错或不知道潜在的含义。

一项研究发现，1/4的青少年学生更喜欢在公开场合得到大声表扬，而2/3的学生更喜欢老师悄悄地、不显眼地表扬自己。有趣的是，10%的学生更喜欢老师什么都不说。其他几位研究人员发现，如果反馈与表扬相结合，那么当老师在那些不重视学习和表现的朋友的面前给出反馈时，就会对学生产生不利影响。

另一项研究证实了这些发现，并指出学生们更喜欢老师表扬自己的努力，而不是他们的天赋。这种反馈会使学生更喜欢一项任务、增强心理弹性，并在未来选择更具挑战性的任务（见本书第5项研究）。

课堂启示

为了提供更好的反馈，作者推荐了两种独立但相互关联的策略。第一种策略是，“当反馈提供的信息是正确的而不是错误的，并且建立在以前试验的基础上时，反馈会更有效”。第二种策略是，“当自尊受到较低程度的威胁时，反馈会更有效，这可能是因为低威胁的环境允许人们关注反馈”。

鉴于教师在课堂上花了很多时间给学生反馈，这篇研究论文对教师来说是一笔宝贵的财富。这些策略表明，反馈的质量比数量更重要。或者，正如研究人员所说，“不能够简单地提供更多的反馈，因为有必要考虑反馈的性质、时机以及学生如何接受反馈”。

参考文献：Hattie, J., & Timperley, H. (2007). The power of feedback. *Review of Educational Research*, 77(1), 81–112.

53 · 自我谈话

研究概况

《芝麻街》中的兹拉坦·伊布拉希莫维奇、朱利叶斯·凯撒和埃尔莫有什么共同之处？众所周知，他们都用第三人称谈论自己。一个著名的例子就是，兹拉坦·伊布拉希莫维奇受邀请到阿森纳参加试镜。他回答说："兹拉坦从不试镜。"

但是，一个人与自己说话的方式对自己的思维、情感和行为有什么影响呢？用第一人称说话（即"我认为……"）还是用非第一人称（即"你以为……"或用第三人称说出自己的名字）有什么区别？研究人员让学生用这两种方式中的一种来自我谈话，然后将他们置于一系列情境中，包括回忆糟糕的事情、第一次见某人和在同龄人面前进行演讲。

主要研究结果

用第一人称自我谈话的人和用非第一人称自我谈话的人相比

◇ 当回忆一件使其焦虑的事情时，情绪会更加强烈

◇ 当回忆一件使其生气的事情时，情绪会更加强烈

◇ 表现得更紧张，在社交活动中表现得更差

◇ 不太可能给人留下好的第一印象

◇ 在公开演讲过程中感受到更多的害羞、尴尬和消极情绪

◇ 在公开演讲任务中表现更差

◇ 更有可能将即将到来的压力事件视为威胁

◇ 更有可能担心即将到来的压力事件

相关研究

自我谈话是认知心理学中被研究得最多、最活跃的领域之一（见本书第24项、第64项研究）。研究发现，一个人自我谈话的方式会影响其心态、动机、适应力、创造力、专注力、情绪控制和元认知能力（见本书第84项研究）。例如，一项研究发现，向自己提问（比如“我能做好吗？”）的参与者比那些直接作出判断的参与者（比如“我能做好”）解出的字谜更多。其原因可能是，问自己问题有助于促使大脑回答问题，起到行动号召的作用（见本书第28项研究）。

其他研究发现，以一种有益的、建设性的方式告诉自己该做什么，可以提高注意力和压力下的表现。这可以帮助学生提高自我控制能力，并加强重要任务之前的计划和准备。最后，研究指出，以乐观、充满活力的方式进行自我谈话有助于人们屏蔽潜在的杂念。这有助于提高需要大量努力和心理弹性的表现。

课堂启示

这项研究显示了培养学生自我谈话的诸多好处。

作者总结说：我们不习惯人们用自己的名字来称呼自己——目前的研究结果表明，这样做会导致自我疏远；增强人在社会压力下调节其思想、情感和行为的能力；引导人以挑战性更大、威胁性更小的方式来评估引发社会焦虑的事件。

自我谈话有很多好处，但有趣的是，在帮助学生发展健康、有益的自我谈话方面，我们实际上花费的时间是如此之少。用一些简单的调整就能对学生的思维、感觉和行为产生很大的影响。自我调节和情绪管理是日常生活的关键技能（见本书第37项研究），帮助学生发展自我谈话技能是一种简单、廉价和有效的策略，有助于提升学生的幸福感和成就。

参考文献：Kross, E., Bruehlman-Senecal, E., Park, J., Burson, A., Dougherty, A., Shablack, H., Bremner, R. Moser, J. and Ayduk, O. (2014). Self-talk as a regulatory mechanism: How you do it matters. *Journal of Personality and Social Psychology*, 106(2), 304.

54 • 亲子阅读

研究概况

专家经常建议家长在晚间进行规律的亲子阅读。但是，有没有什么方法可以让家长做到这一点，以更好地发展孩子的阅读技能？

研究人员对4岁至6岁的儿童进行了数年的跟踪调查，测量了其父母所提供的阅读量和阅读活动类型，之后测量了关键的读写技能。研究人员定义了父母参与的两种不同的阅读练习，包括非正式的互动（阅读故事书）和正式的互动（教字母名及发音）。研究者测试了这两种不同的策略是否在发展读写技能方面发挥了重要而独特的作用。

主要研究结果

1. “非正式的互动”，比如阅读故事书，对孩子一年后的能力有着积极影响：

◇ 理解单词和句子

◇ 使用更广泛的词汇

◇ 提高听力理解能力

2. 研究发现，在阅读过程中教给孩子字母、单词和句子（即“正式的互动”）在发展早期读写技能中也起到了作用。

3. 儿童在6岁时所接触的书籍数量能够积极地预测其两年后的阅读能力。

相关研究

阅读故事书对儿童的积极影响早已得到证实。有趣的是，研究表明，许多孩子喜欢和父母一起享受这段时光，也经常和其他孩子共同阅读。孩子对读书的兴趣与其小时候的阅读能力有关。这表明，如果我们想培养孩子对阅读的热爱，就必须帮助他们及早培养阅读能力和自信心。

一项相关研究发现，重要的不仅仅是父母与孩子阅读的数量，而是阅读过程中互动的质量。这既包括描述书中正在发生的事情，也包括在阅读时进行一点表演。

课堂启示

最近的一项研究指出，9岁时阅读年龄落后的学生高中毕业的可能性更低，几乎是普通学生的1/4。这强调了帮助学生尽早发展这些关键技能的重要性。从本质上说，如果孩子上学时没有具备学习所需的工具，尽管之后有可能迎头赶上，但也会使其教育经历更具挑战性。

教育父母在阅读活动中将正式的互动和非正式的互动相结合，有助于增强孩子最终的阅读能力。对阅读质量和数量的强调，以及阅读活动类型的变化，可以为父母提供一个良好的开端。而根据书籍的类型，为父母指明正确的方向，并在孩子阅读时提出好的问题和提示，这应该会有所帮助。

参考文献：Senechal, M., & LeFevre, J. (2002). Parental involvement in the development of children's reading skill: A five-year longitudinal study. *Child Development*, 73(2), 445–460.

55 • 神经科学的诱惑

研究概况

社会上越来越多的人希望通过神经科学的视角来解释人类的行为和经历。这在神经科学的解释中是显而易见的，但这有多大的诱惑力和力量呢？

为了验证这一点，耶鲁大学的研究人员进行了一系列巧妙的实验。研究人员向参与者解释了几个心理学话题，这些解释有些是正确的，有些是错误的。在解释中，一些人会得到补充的神经科学术语，而其他人没有。然后，参与者必须评价自己对这些解释的满意度。

主要研究结果

1. 如果在解释心理学和学习时使用神经科学术语，人们则更有可能认为这些解释更令人满意。

2. 即使神经科学的信息是假的或编造的，大多数人仍认为这些信息是合乎情理的。

3. 研究人员称这种效应为“神经科学的诱惑”，当认为最初的解释脆弱且低标准时，这种效应最为明显。

4. 事实证明，新手和具备一些神经科学知识的人都有可能被错误的大脑图像和错误的解释误导。

5. 唯一不相信这种错误的神经科学解释的是专家，也就是那些受过正规而广泛的神经科学训练且具备资质的人。

相关研究

很多技术可以用来改变人们对某件事解释的准确性。例如，一项研究发现，人们更容易相信较长的解释。另一项研究也表明，人们更喜欢自己认为满意的推理，而不是准确的推理。

其他证据指出，大脑图像很重要，会影响人们的推理。这可能是因为其本身具有一种权威的气息，或者因为这些引人注目的视觉图像吸引了注意力。即“诱惑细节”（seductive details），当一个论点中包含有趣和突出的信息时，即使它与当前的主题无关，也会出现这种情况。研究发现，这可以转移人们对解释重要部分的注意力，通过有趣但不相关的信息分散了注意力。

课堂启示

该研究的作者表明，“人们将神经科学视为一个良好解释，而不管其实际原因如何……因此，人们可能不加批判地接受任何包含神经科学信息的解释”。研究者提醒说，“不相关的神经科学信息可能很有诱惑力——过度影响参与者的判断”，另一篇研究论文更好地总结了这一领域，“大脑中斑驳陆离的图像会对人产生诱惑，使其认为我们现在可以直接观察心理过程”。

研究人员在研究结束时提醒说，“由于神经科学的诱惑在公共领域的流行不可能很快消失，所以在社会问题中应用神经科学的发现时，应更加谨慎”。学校对大脑如何工作越来越感兴趣，研究者建议教师和政策制定者对重要的研究结果持保留态度，不要被大脑扫描图像所诱惑，要真正深入挖掘研究结果的潜在细微差别。

参考文献：Weisberg, D. S., Keil, F. C., Goodstein, J., Rawson, E., & Gray, J. R. (2008). The seductive allure of neuroscience explanations. *Journal of Cognitive Neuroscience*, 20(3), 470–477.

56 • 截止日期、选择和拖延症

研究概况

学生准备好设定截止日期来帮助自己克服拖延症了吗？他们为自己设定了有效的截止日期吗？这些自我设定的截止日期真的有助于提高其表现吗？

为了深入研究这些问题，研究人员将学生分为两组。第一组，学生们要自己为三项学习任务设定截止日期；第二组则由老师来设定，并在学期内平均分配学习任务。之后研究人员追踪了学生的学习情况。

在后续研究中，研究人员对需要校订他人作业的学生也进行了这一实验。同样，一些学生自己选择截止日期，而另一些学生由他人设定截止日期。

主要研究结果

1. 不出所料的是，很多学生决定在学期的最后一周提交全部三份任务作业，其中27%的学生选择在学期末最后一天提交。

2. 自己设定截止日期的学生比由老师设定截止日期的学生得分要低。

3. 截止日期由学生或老师设定，两者之间最大的差异体现在第三项也是最后一项作业上，两组之间的差异几乎为10%。这是因为，如果学生在学期末上交全部三份作业，通常就没剩太多时间来完成最后一项作业了。

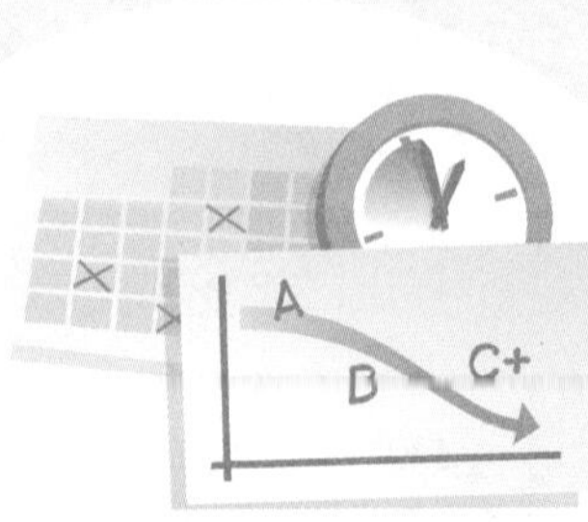

4. 尽管最终会导致整体成绩较差，学生还是更倾向于选择自己设定截止日期。与自己设定截止日期的学生相比，由他人设定截止日期的学生在任务上花了更多时间。

相关研究

拖延困扰着许多学生。之前的研究发现，有75%的学生认为自己是拖延者，其中50%的学生经常拖延，已经严重到成了问题。学生可能会拖延的原因之一是，人们往往不善于预测一项任务所需的时间，并且通常会低估它。这就是所谓的“计划谬误”（见本书第3项研究）。

也有研究不仅关注拖延的代价，还关注与之相关的行为和思维过程。这包括自卑、非理性信念、对失败的高度恐惧、抑郁、不良的学习习惯和花太多时间幻想成功（见本书第63项研究）。此外，研究发现，拖延症患者压力更大、更有可能在临近截止日期时生病，成绩往往也会更差。

这项研究的结果证实了迄今为止最大规模的拖延症研究之一的发现。研究人员在那篇综述中指出，设定周期较短的、定期的截止日期会有所帮助，因为“长期以来，人们一直注意到，一件事情距发生时间越久，对人们决策的影响就越小”。

课堂启示

研究人员简明扼要地总结了这一研究发现并得出结论，“自我设定的截止日期并不能像他人所设定的、间隔均匀的截止日期那样提高成绩”。为什么会这样呢？其原因之一是，“与没有选择组的学生相比，自由选择组的学生可能认为截止日期的约束力更小，因为这是自我强加的”。

教师可以利用这项研究来确保学生保持专注、步调一致，特别是随着学生年龄的增长，需要进行更多独立学习和研究的时候。教师会把大任务分解成小任务，并规定提交作业草稿的截止日期，因而即使学生对自己何时、何地、如何做作业承担着更多的责任，仍然会得益于教师的帮助。

参考文献：Ariely, D., & Wertenbroch, K. (2002). Procrastination, deadlines, and performance: Self-control by pre-commitment. *Psychological Science*, 13(3), 219–224.

57 · 夸“你真聪明”

研究概况

当学生做得很好或取得成功时，表扬说“做得好，你真是个聪明的男孩”或“你真是个聪明的女孩”，这几乎是人的第二天性。但是，称赞一个人的智慧要付出什么代价吗？这对其未来的表现又有什么影响呢？

最近，来自中国、美国和加拿大大学的研究人员合作进行了一项研究。研究人员对243名少年儿童进行了实验，告诉其中一半的儿童他们以聪明著称。所有的学生都玩了一个猜谜游戏，在游戏中，当实验者走出房间的时候，学生会有偷看答案来作弊的机会。研究者想知道学生是否会因有人夸他（她）聪明而决定作弊。

主要研究结果

1. 61%以聪明著称的学生在游戏中作弊，而另一组只有41%的学生作弊。

2. 即便只有3岁，如果孩子相信别人认为自己聪明的话，也更有可能作弊。

3. 如果做游戏和告诉学生自己以聪明著称的是同一个人，那么学生作弊的可能性更大，因为他们希望维护这一聪明形象。

4. 无论是否以聪明著称，男孩都比女孩更容易作弊。

相关研究

早前的研究发现，学生在5岁时就对自己的名声有所了解了。而本研究表明，这种了解开始得可能会更早。有趣的是，也有研究发现，与大一点的孩子相比，7岁以下的孩子更不担心自己是不是聪明。这表明，是成年人对少年儿童的聪明感兴趣，而不是孩子自己。

其他证据指出，因其天生的能力或智力而受到表扬的学生更有可能放弃困难的任务，也更不喜欢困难的任务，他们的表现更差，还会谎报自己的成绩（见本书第5项研究）。这也与较低的自尊和较高的压力水平有关（见本书第68项研究）。

这项研究发现，男孩比女孩更容易作弊，这与经济学和心理学的研究结果一致，即成年男性比成年女性更容易作弊、行为更不诚实。然而，导致这一情况的原因仍在研究当中，目前尚不清楚。

课堂启示

该项研究的作者写道："向儿童提供关于其智力的积极信息可能会产生意想不到的消极后果。"这是因为，告诉孩子他很聪明可能会"促使孩子为了追求个人利益而作弊"。虽然本意是想鼓舞士气，但很快就会成为孩子肩上的负担。

重要的是，要让学生专注于提高自己，而不是担心如何证明自己。如果对学生来说，他们认为获胜或聪明比成长更重要，则很可能会走捷径，用欺骗的方式来维护这种声誉。区别在于学生是不想犯错还是想要取得进步，是不想失去还是想要学习，是自我保护还是自我提升。我们可以通过赞扬后天努力，而不是与生俱来的能力，来帮助学生度过各种充满挑战的时期。

参考文献：Zhao, L., Heyman, G., Chen, L., & Lee, K. (2017). Telling young children they have a reputation for being smart promotes cheating. *Developmental Science*, 21(3), e12585.

58 • 情绪和成绩

研究概况

学生在学校的表现会影响他们的感受吗？或者学生的感受会影响他们的表现吗？还是两种影响都存在？为了找到这些问题的答案，德国、英国、澳大利亚和日本的研究人员对来自42所学校的2000多名青少年学生进行了为期5年的跟踪调查。

主要研究结果

1. 积极情绪和成绩之间的关系是双向的。学生越喜欢数学，越为自己的学习感到自豪，分数就越高。同样，学生越成功，就越感到自豪和快乐。

2. 学生经历的负面情绪越多，成绩就越差。包括：

◇ 愤怒

◇ 焦虑

◇ 羞愧

◇ 无聊

◇ 绝望

3. 学生感到焦虑和绝望的程度是最能预测负面成绩的因素。两者的关系同样也是双向的，持续的失败增强了负面情绪。

4. 研究人员还发现，与男孩相比，女孩在数学课上表现出的快乐和骄傲更少，无聊、焦虑、羞愧和绝望更多。

相关研究

这项研究发现，情绪和成绩是相互关系（即双向作用），这印证了先前在这一领域的研究。例如，几项研究都发现，经历过考试焦虑的学生有可能成绩更差，反过来，又会加剧学生的考试焦虑。即，负反馈循环。

有趣的是，该研究关注的是学生对数学的情感反应，因为学生对数学这一学科一直有着非常强烈的情感。即使成绩相似，通常女孩仍比男孩更不喜欢数学、更加焦虑。这种差异并非天生的生理差异，而是男孩和女孩接受的表扬类型不同，对失败原因的归因不同（见本书第19项、第46项研究）。

课堂启示

这项研究的结果表明，教学中应采取双管齐下的方法。一是帮助学生管理和培养情绪，以使学生取得更好的成绩。二是培养学生的能力和知识，以使其体验到更好的情绪。如果只关注其中一个方面，比如提高学生的幸福感，或者仅仅提高学生的数学成绩，我们就错失了帮助他们发展的机会。两者必须结合在一起。

该研究的作者表示，这一发现“建议教育者、管理者和家长都应该考虑在培养青少年的积极情绪，尽量减少其负面情绪方面作出努力”。研究者认为，“为学生提供体验成功的机会（例如，使用个人标准来评估成绩，强调完成竞赛的目标），可能有助于调动积极情绪、预防消极情绪”。

参考文献：Pekrun, R., Lichtenfeld, S., Marsh, H., Murayama, K., & Goetz, T. (2017). Achievement emotions and academic performance: Longitudinal models of reciprocal effects. *Child Development*, 88(5), 1653–1670.

59 • 与大自然互动

研究概况

密歇根大学的研究人员进行了两项实验，以了解在课间休息时与大自然互动，是否能改善学生的情绪、注意力和记忆力。

为了验证这一点，在第一项研究中，研究人员首先观察了散步地点是否会有影响。在第二项研究中，学生利用课间休息时间，看大自然或繁忙的城市中心的照片。之后对两组进行了比较。

主要研究结果

在第一项研究中，学生在课间休息时在公园或繁忙的市区里散步50分钟。研究人员发现：

1. 在大自然中散步休息的学生在注意力和记忆力测试中的表现提高了16%。在城市环境中散步的学生成绩没有提高。

2. 无论季节和天气如何，在公园里散步对学生都有帮助。

3. 此外，在大自然中散步的学生，情绪也得到了积极提升；而在城市环境中散步的学生则没有。

在第二项研究中，研究人员发现，看大自然照片的学生：

1. 在记忆力和注意力测试中表现更好。

2. 执行能力得到了改善。

3. 课间休息后感觉更好、更精神。

相关研究

近期的一项研究（见本书第50项研究）发现，即使只散步5分钟，人们也会更快乐、更专注、更自信。无论是在室外、画廊里还是在跑步机上，参与者都从散步中获益匪浅。

这表明，散步休息并不一定要选在一个舒适的地方，只是不应该在有压力的环境下。正如该研究的作者所指出的，“与大自然环境不同，城市环境充满了刺激，极大地吸引着人的注意力，并且还需要定向注意力（例如，避免被汽车撞到），这使学生更加难以恢复精力”。

除了散步以外，研究表明，一些简单的日常活动也可以提升记忆力、注意力和幸福感，包括有规律的睡眠（见本书第29项研究）、吃早餐（见本书第35项研究）、喝大量的水。这些方法都不是特别复杂难懂，也许这就是其美丽之处。这些方法几乎没有任何成本、易于理解、可以立即执行。除此之外，还会带来立竿见影的、有意义的改变。

课堂启示

本研究的作者从一个思维实验开始落笔：“想象一种疗法，没有已知的副作用，随时可进行，可以零成本改善你的认知功能。”研究结果表明，无论是散步还是看照片，与大自然互动都可以做到这一点。

我们经常鼓励学生在复习的时候休息一下。而从研究的结果来看，并不是所有的休息效果都一样。以一种令大脑保持警觉的方式去休息，就不太可能达到预期的效果。如果教师能以一种既放松又提神的方式告诉学生休息的好处，那么，学生在休息后，不仅可能感觉更好，也能记住更多随后复习的内容。

参考文献：Berman, M. G., Jonides, J., & Kaplan, S. (2008). The cognitive benefits of interacting with nature. *Psychological Science*, 19(12), 1207–1212.

60 • 压力和不确定性

研究概况

来自伦敦大学学院的研究人员进行了一项实验，参与者完成了一个学习游戏，并接受了轻微的电击，电击的可预测性各不相同，研究人员以此来向参与者施加压力。

研究人员希望发现：（1）不确定性和压力之间的联系；（2）如果两者有联系，那么对成绩会有什么影响？

主要研究结果

1. 不确定性是人们感到压力的主要原因。这表明，让人们真正感到压力的并不是最坏的情况，而是模棱两可的不确定性。

2. 不确定性触发了主要的压力生理信号，如皮质醇（“压力荷尔蒙”）增加、瞳孔变大、手心出汗。

3. 实际上，适当的压力和不确定性是一件好事，在这种情况下，参与者的表现更好。因为这可能会促使人们更加集中精力、更加努力工作。

相关研究

在体育和教育领域，有越来越多的研究考察了人们对待和思考潜在压力情况的不同方式（见本书第38项研究）。如果人们相信自己有能力和资源来应对压力情况，感觉能够掌控事件，周围都是支持自己的人，并且记得以前的类似经历，那么，就更有可能将压力视为一种“挑战”。而感到孤立的人，则专注于在事情出错时会遭受的损失，不知所措，担心自己看起来很糟糕，觉得目标无法实现，更有可能处于“威胁状态”。将事件视为挑战而非威胁的人更有可能有效地管理自己的压力水平。

另一项研究与上述结论相一致，发现一个人的“压力心态”会对其表现产生重大影响（见本书第51项研究）。接受压力有时会有所帮助的人更有可能感觉更好、表现出更高的水平，并在压力下寻求更多的反馈。此外，压力心态是可塑的，这意味着，了解压力的潜在好处的人可以继续更有效地应对压力。

课堂启示

众所周知，对大多数学生来说，某些情况下压力更大，包括考试、截止日期、公开演讲、面试等。这些事都有不确定性因素，因而视之为压力事件。其结果是不确定的，不论成功或失败，都可能对学生的生活和未来的选择产生重大影响。

这项研究的发现为学生提供了一些实用的建议。首先，了解压力的触发因素（即不确定性）有助于提高自我意识，了解学生为什么会有这种感觉。其次，知道不确定性和压力确实有助于提高成绩，应该让人放心，同时促使感觉正常化。最后，如果学生感到压力水平过高，希望减轻压力，那么，收集信息以降低模糊性和不确定性会有所帮助。

参考文献：De Berker, A., Rutledge, R., Mathys, C., Marshall, L., Cross, G., Dolan, R., & Bestman, S. (2016). Computations of uncertainty mediate acute stress responses in humans. *Nature Communications*, 7, 10996.

61 • 元认知的效用

研究概况

元认知是指学生有效监控和引导自己学习的能力，它是培养独立学习者的重要组成部分。因此，研究者和教师对此都越来越感兴趣。

最近，研究人员测试了通过让学生回答简单的学习技能问题，以此来考察这是否会提高学生的元认知和学业成绩。研究人员将实验组与对照组进行比较，之后监测所有学生在考试期间的学习和表现。

主要研究结果

1. 为了提高自身的元认知能力，学生应该思考三个问题：

◇ 我需要哪些资源来帮助我学习？

◇ 为什么这些资源是有帮助的？

◇ 我将如何使用这些资源？

2. 提出这些问题提高了学生的自我反思能力，也提高了学生在学习时发现学习资源的效率。学生会因此感到压力更小、更有控制感。

3. 在班级中，实验组的学生分数高出1/3。这些学生每次考试都考得更好。无论性别、年龄或学习能力如何，所有学生均是如此。

相关研究

越来越多的证据表明，发展学生的元认知能力可以提高其积极性、学习效率和考试成绩。多项研究发现，不仅仅是学生学习的数量很重要，质量也很重要。能够有效、高效地使用和管理可用资源的学生，往往能够取得更高的学业成就。

来自英国教育捐赠基金会（Education Endowment Foundation）的研究人员表示，如果元认知得以有效实施，可以额外增加7个月的学习进度。令人鼓舞的是，几项研究发现，元认知是可以教授、学习和发展的能力。其中一项研究发现，帮助学生提高元认知能力，在两周内，学生就都取得了积极的收获。

其他研究发现，通常，许多学生很难用实际的行为改变来弥补与良好意愿之间的差距（见本书第6项研究）。然而，有证据表明，那些提出具体行动计划的人（如本研究中的案例）确实能做得更好。

课堂启示

现在，很多学校为学生提供高质量的学习资源。然而，本研究的作者指出：

不管我们为学生提供多么丰富的学习材料、多么有利的学习环境，如果学生不能充分考虑如何有效地利用这些资源，很多资源便浪费了。应鼓励学生有策略地使用课堂资源、掌握课堂内容，使学生在考试中发挥更大的潜能。

研究人员在反思学生从其元认知能力发展中将获得的长期利益时，得出了积极的结论。他们指出：

除了教育之外，现实生活中，还有许多其他情况，使人们无法有效地追求目标……鼓励人们进行自我反省，思考如何利用现有的资源战略性地实现目标，将对其大有帮助。这表明，在学业结束后很长一段时间内，学生仍将继续获益于元认知能力的改善。

参考文献：Chen, P., Chavez, O., Ong, D., & Gunderson, B. (2017). Strategic resource use for learning: A self-administered intervention that guides self-reflection on effective resource use enhances academic performance. *Psychological Science*, 28(6), 774–785.

62 • 帮助弱势学生

研究概况

国际学生评估项目（PISA）是世界上最大、考察世界各地学生如何进步的研究项目。每三年发布一次，报告来自50多个国家的50多万名学生的数据。

最近，研究人员通过大量的数据，分析了哪些国家擅长帮助弱势学生在数学、阅读和科学方面取得成功。他们还调查了在过去十年里哪些国家在这方面做得更好，以及这些国家的学校有哪些共同特点有助于学生成长。

主要研究结果

1. 在中国、新加坡、爱沙尼亚、日本和芬兰，弱势学生在学校表现良好的比例最高。

2. 在过去十年中，葡萄牙、德国、挪威、以色列、斯洛文尼亚和西班牙，在这方面取得的进步最大。

3. 与帮助弱势学生发展学业弹性、取得良好成绩相关的因素包括：

◇ 良好的课堂纪律氛围

◇ 一系列的课外活动

◇ 高出勤率

◇ 家境较好的学生

4. 与帮助弱势学生无关的因素包括：教室设施（即电脑）和较小的班级规模。

相关研究

本研究强调了拥有一个清晰有序的课堂结构的好处。一个有趣的研究领域是探讨了如何实现这一目标。有证据表明，教师流动率低的学校课堂的纪律氛围更好。研究提出，可以通过为学校内部教师制定辅导计划、鼓励教师之间的合作，以及帮助新教师对学校产生归属感，来减少教师流动。

与课堂文化和纪律氛围相关的另一个因素是这所学校校长的领导风格。“变革型领导”强调教师发展、鼓励教师对学生有很高的期望，并创建有序的课堂。该研究的作者指出，有一点不好的是，“在培训校长的学术课程中，很少教授管理技能，使校长能够在学校中有效实施变革型领导风格”。

课堂启示

本研究的作者指出，“学校的政策和做法会影响弱势学生取得好成绩的可能性，这意味着学生的适应力不仅取决于其背景和家庭资源，还取决于所就读的学校”。具体而言，研究者还强调了一个特别重要的方面，“在有秩序的课堂中，学生可以集中精力，老师能提供良好的指导，这对所有学生都是有益的，特别是对最弱势的学生”。

这项研究还表明，推动改进对并不是最好或最多的设施、体验、活动和文化更为重要。这一点很令人欣慰，这意味着，不需要高昂的费用或基于最新的技术来对学生进行干预。而是要提供机会，有一个清晰的愿景、价值观和行为准则。

参考文献：Agasisti, T., Avvisati, F., Borgonovi, F., & Longobardi, S. (2018). Academic resilience: What schools and countries do to help disadvantaged students succeed in PISA. *OECD Education Working Papers*, No. 167, OECD.

63 • 过程可视化

研究概况

距离考试还有一个星期。你是在想象你正在为考试而学习，还是想象如果考得好，生活会是什么样？哪种方式更好？为了找到答案，研究人员对101名学生进行了研究。

在这项研究中，研究人员要求一些学生想象自己在复习，而另一些学生想象自己在考试中取得了高分。随后，记录了学生在准备考试时的感受、做了多少复习，以及最终的分数。

主要研究结果

1. 考试前一周，那些只花几分钟想象自己在学习，而不是想象自己在考试中取得好成绩的学生报告说，他们：

◇ 对自己需要做什么有更清晰的计划

◇ 对考试不那么紧张了

◇ 会花更多时间学习

◇ 期望在考试中考得更好

2. 研究人员发现，在考后第二天，想象自己在学习的学生：

◇ 在最后一周多复习了40%

◇ 考试成绩提高了8%

◇ 在一定程度上超越了班级平均水平，而想象自己想要的结果的人表现更差

相关研究

先前已有研究发现，可视化有助于增强情绪，而情绪反过来又能推动学业成功（见本书第58项研究）。然而，在这项研究的基础上，也有研究发现了可视化的另一面。一项相当有趣、离奇的研究发现，对于试图减肥的参与者来说，想象结果，比如想要减掉的体重，会更有可能受到免费甜甜圈的诱惑。似乎过分关注结果会产生不利影响。

在教育领域的研究发现，花时间想象自己未来一周会过得很好的学生，实际上，在这一周里，会比对照组的学生更加缺乏活力，取得的成绩也更少。同样，在花时间想象自己完美工作的学生中也发现了类似的结果。毕业时，这些学生得到的工作机会很少，起薪也比其他学生更低。

课堂启示

本研究表明，教师如何才能最好地帮助学生准备即将到来的考试，同时管理好情绪。帮助学生专注于取得成功所需要的行为，将确保他们更有可能作出正确的行动。过于关注考试结果可能会进一步加剧学生的拖延症和白日梦，也可能因为过于关注考试结果，而不是考试过程本身，从而加剧对考试的焦虑。从本质上说，“一个想成为外科医生的学生，想要实现这一目标，需要通过在精神上不断激励，了解必经的步骤，而不是设想最终目标实现时的状态”。

这一研究的作者在结论中引用了一句名言（尽管是匿名的），“胜利的意志远不如为胜利做准备的意志重要”。研究者表示，学生与其抱着“我能做到”的态度，还不如想“我怎么才能做到？”

参考文献：Pham, L., & Taylor, S. (1999). From thought to action: Effects of process- versus outcome-based mental simulations on performance. *Personality and Social Psychology Bulletin*, 25(2), 250–260.

64 • 教师谈话

研究概况

教师的谈话方式和频率对学生有多大的影响？一些随口的评论，说过很久之后还会引起共鸣吗？这些评论会因教师所教的科目或学生的类型不同对学生产生不同的影响吗？

这项研究为了找出答案，记录了年轻学生对老师如何与其交谈的看法，并将教师谈话与学生自我谈话、自我评价以及在学校的表现进行了对比。

主要研究结果

1. 研究发现，教师经常说的积极话语：

◇ 与学生积极的自我谈话直接相关

◇ 与数学成绩直接相关

◇ 直接关系到学生是否认为自己是优秀的学习者

◇ 间接关系到学生阅读时的自我概念

2. 研究发现，教师经常说的消极话语：

◇ 能预测女孩如何看待自己的数学能力

◇ 与男孩消极的自我谈话的数量直接相关

相关研究

大量研究发现，父母和老师如何与学生交谈同学生如何与自己交谈之间存在联系。这些研究发现，总体而言，积极的互动会让学生更好地看待自己（见本书第9项研究），消极的互动也会导致消极的自我认知（见本书第7项研究）。此外，这些影响似乎是持久的，从最初听到评论到之后的许多年里，其影响对于学生来说仍然根深蒂固。

有趣的是，在这项研究中，男孩和女孩对老师消极的自我谈话的反应是不同的，但对老师积极的自我谈话的反应是相似的。关于这一差异的研究仍处于初级阶段，在得出确切的结论之前，还需要做更多的工作。

课堂启示

教师所面临的挑战是，学生有时很难把对任务的反馈与对个人的反馈区分开来。因此，教师对某项作业提出批评的反馈，学生可能会理解为一种人身攻击。这意味着：（1）教师需要教给学生如何更好地接受反馈；（2）谈话应注意言辞，因为教师给出的积极和消极的言论都会对学生产生重大影响。

也有研究发现，积极有益的自我谈话与心态、适应力、自尊、创造力、专注力和动机联系起来，因此，学生如何自我谈话是非常重要的。就自我谈话而言，研究正开始摆脱积极与消极的二分法。这是因为，如果规划正确，消极的自我谈话会有助于激励学生未来的努力。相反，更多的研究集中在有益的和无益的自我谈话上。这为如何看待自我谈话提供了一种更有建设性、更有成效的方式。

参考文献：Burnett, P. C. (1999). Children's self-talk and academic self-concepts: The impact of teachers'statements. *Educational Psychology in Practice*, 15(3), 195–200.

65 • 父母的温暖

研究概况

近来，研究人员调研了父母与孩子沟通的类型和频率对孩子的成长有多大影响。为了找到答案，研究人员对565名儿童及其父母进行了为期两年的跟踪调研。在此期间，父母和孩子都要定期接受调查，研究人员借此了解父母与孩子沟通的感受、孩子对沟通的看法及其后果。

研究人员特别观察了父母的过度表扬（“我的孩子比别的孩子更特别”）、父母的温暖（“我让孩子知道我爱他”）、孩子的自尊（“像我这样的孩子对自己很满意”）和自恋（“像我这样的孩子应得到额外的回报”）。

主要研究结果

1. 父母过度表扬的后果包括：
◇ 儿童表现出更多的自恋行为
◇ 孩子的自尊水平没有差别

2. 父母的温暖会让：
◇ 孩子有更高的自尊
◇ 孩子不会更加自恋

研究人员得出的结论是，“家长培训干预可能是抑制自恋发展的一种有效手段”。这种干预可以帮助父母向儿童传达情感和欣赏，而不会向儿童传达自己比他人优越的感觉。

相关研究

希腊神话人物纳西索斯宣称“我点燃的火花就是我传递的火炬”，自那以后，自恋这个领域就一直吸引着人们。研究人员将自恋（narcissism）与自尊（self-esteem）区分开来，将自恋描述为“强烈地希望自我感觉良好”，而自尊是实际的“自我感觉良好”。与自尊相关的是较低程度的焦虑和抑郁，而自恋则与压力、羞辱感和一系列心理健康问题有关。

为了提高孩子的自尊，之前许多建议鼓励父母慷慨地表扬孩子，用赞美来强化孩子所做的一切好事。然而研究发现，过分的赞扬不仅意味着降低期望，而且并不能增强自尊，反而会导致本想要避免的自恋行为发生。

同样，其他证据（见本书第19项研究）表明，儿童在1–3岁时听到的表扬类型可以预测其5年后的心态，与那些因行为、努力和策略而被表扬的人相比，因天赋被表扬的人更有可能形成固定型思维模式。

课堂启示

本研究的作者指出，“孩子会以自己相信的重要的人的视角看待自己，如同学会了通过其他的眼睛来看待自己一样”。当父母认为自己的孩子比别的孩子更特殊、更有资格时，孩子可能会将自己很优越的观点内化，这是自恋的核心。但当父母用爱和欣赏来对待孩子时，孩子会认为自己是有价值的个体，这是自尊的核心。

参考文献：Brummelman, E., Thomaes, S., Nelemans, S., Orobio, B., Overbeek, G., & Bushman, B. (2015). *Origins of narcissism in children*. PNAS, 112(12), 3659–3662.

66 · 我们遗忘多少

研究概况

1880年，德国心理学家赫尔曼·艾宾浩斯（Hermann Ebbinghaus）进行了有史以来最著名的研究之一。他想了解随着时间的推移，人们忘记事情的速度有多快。他是第一位试图找到描述遗忘形状的数学方程的人，即“遗忘曲线”，通常是这样呈现的：

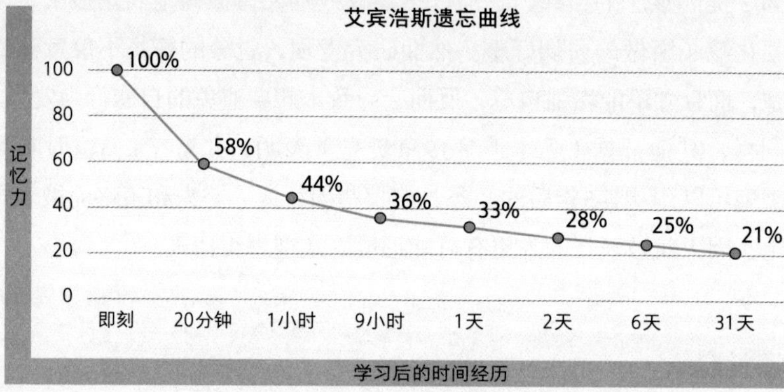

130多年后，来自阿姆斯特丹大学的研究人员试图利用现代统计分析和实验程序来复制和更新这一发现。

主要研究结果

1. 一般来说，艾宾浩斯的发现是重复式的——人们在事件发生后不久记忆就会下降，随着时间的推移，下降的速度会逐渐减缓。

2. 然而，研究人员发现，在24小时后，人们的记忆力会得到提升，第二天早上比第一天晚上记得更多。这种跳跃源于疲劳对记忆的负面影响，而睡眠能够对抗疲劳。

3. 人们倾向于记住所学的第一件和最后一件事情，而不是中间的事情。分别称之为“首因效应”和“近因效应”。

4. 研究人员建议，“遗忘曲线”并不是一成不变的。最好将其当作一个指南。

相关研究

越来越多的认知、教育与发展心理学方面的研究一直都在努力重复这一最初的发现。这就是为什么这一研究如此有价值。研究报告的作者在总结时赞扬艾宾浩斯：

“为心理学实验设定了新的标准，已经融入了‘现代概念’，诸如控制刺激、平衡时间效应、防止选择性停止、统计数据分析和建模等，以找到简明的数学描述并进一步验证其结果。研究结果是一个高质量的遗忘曲线，理所当然地成为该领域的经典。后来对该研究的复制，包括我们的研究，都证明了这一结果的可靠性。”

在过去的几十年里，研究人员在这项经典研究的基础上，研究了学生在暑假学习效果大滑坡的现象（见本书第94项研究）和“间隔学习”（见本书第4项研究）的作用。他们发现，人们经常很快就会忘记信息，所以复习是很重要的。正是遗忘和再学习将知识融入了我们的长时记忆中。从本质上讲，基于艾宾浩斯遗忘曲线的性质，连续7天每天练习1小时比1天练习7个小时更有效，因为1天练习7个小时的效果会下降。

课堂启示

这一领域的研究对学生的学习方式有着重要影响。随着模块化考试越来越少，现在对教师的挑战是，如何在两年的时间里教授大量的材料而不让学生忘记。很明显，学习第一单元，然后学习第二单元，再学习第三单元，以此类推，效果会更差，因为当学生学到第十二单元时，已经遗忘了第一单元的内容。因此，坚持并定期地回顾、复习以前的材料是非常有必要的。

因此，仅仅教过某个知识，并不意味着学生已经深入学习了。对教学主题必须重新复习和再学习，只有这样，教师才能帮助学生克服遗忘曲线，使学习效果最大化。

参考文献：Murre, J. M., & Dros, J. (2015). Replication and analysis of Ebbinghaus' forgetting curve. *PLoS ONE*, 10(7), e0120644.

67 • 家庭作业

研究概况

老师应该多长时间布置一次作业？学生应该花多长时间来做家庭作业？学生应该独立完成作业还是在父母的帮助下完成？研究人员观察了7451名来自西班牙的青少年完成家庭作业的情况，这些青少年平均年龄低于14岁。

主要研究结果

1. 老师布置常规作业时学生表现得明显更好。

2. 研究发现，布置作业的频率比学生花在作业上的时间更重要。

3. 每天花90分钟至110分钟做家庭作业的学生得分最高。

4. 研究人员发现，尽管90分钟至110分钟的作业是最有效的，但并不是最高效的，因为作业时间超过60分钟后，额外花费的时间带来的效果微乎其微，不足以证明多花的时间的合理性。

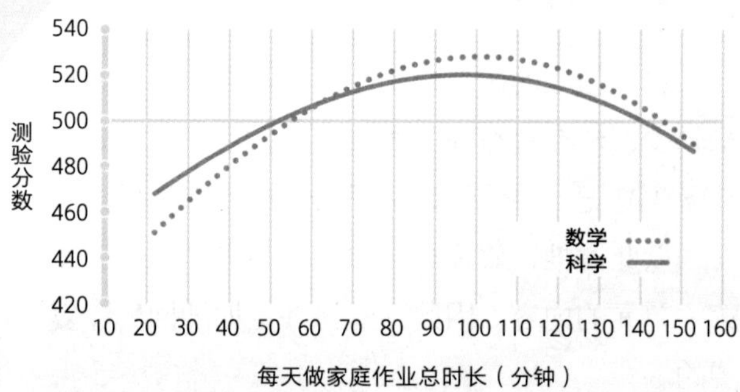

5. 独自完成作业的学生的考试成绩要比那些在父母的帮助下完成作业的学生的成绩高出约10%。

相关研究

迄今为止，大多数研究都发现家庭作业和学业成绩之间存在积极的关系，这些研究来自英国、德国、荷兰和瑞士。虽然并不是所有的研究都是令人信服的，但可以肯定的是，家庭作业和学业成绩的关系不是线性的；更多的作业并不总是意味着更好的成绩。

本研究通过观察作业频率、持续时间以及学生是否独立完成的方式，以更细致入微的方式对以往的研究进行了补充。独立完成家庭作业能够促进学生的自主性，这与发展自我调节能力有关。到目前为止的其他研究发现，重要的不仅是教师布置家庭作业的频率，还有作业的质量。

最后，研究调查了学生的年龄和家庭作业的好处。对于中学生来说，家庭作业和成绩之间呈现积极的关系。然而，对于小学生而言，情况并非如此，家庭作业的积极影响非常有限。

课堂启示

这项研究的作者强调：

“我们的数据为专业教学人员提供了一个明确的信息：作业仍然是青少年全面教育的重要工具……没有必要布置大量的作业，重要的是作业的系统性和常规性，其目的是培养学习习惯、促进自主学习。家庭作业不应该只是学习内容的重复，单纯的重复会导致学生努力较少、学习效果较差……结论是，如何做家庭作业比做多少更重要。”

这些发现很重要，原因在于：（1）老师花了大量时间布置和批改作业；（2）很多学生花了过多的时间来完成作业。研究认为，教师可以通过布置适当的作业、改善作业类型来减少学生的作业量，提高学习成绩。

参考文献：Fernández-Alonso, R., Suárez-Álvarez, J., & Muñiz, J. (2015). Adolescents' homework performance in mathematics and science: Personal factors and teaching practices. *Journal of Educational Psychology*, 107(4), 1075–1085.

68 • 思维模式、态度和自尊

研究概况

先前的研究发现，当在实验室进行实验时，认为自己拥有成长型思维模式（即相信自己可以提高）的学生比拥有固定型思维模式（即相信自己的能力是一成不变的）的学生思维更有成效，在接下来的任务中表现更好。但这是否也适用于现实世界呢？

研究人员对500多名在校大学生进行了为期4年的跟踪调查，以了解成长型思维模式或固定型思维模式是否会影响学生的思维、情感和行为。这包括学生如何解释自己的成功、失败和自尊的变化。

主要研究结果

1. 具有成长型思维模式的学生更有可能：

◇ 让学习目标优先于成绩目标

◇ 将成功归因于努力和学习技能

◇ 对学习成绩感到开心、鼓舞和热情

◇ 在逆境中付出更多的努力或从错误中吸取教训

◇ 在青春期后期自尊会增强

2. 具有固定型思维模式的学生更有可能：

◇ 将即时表现置于学习之上

◇ 将成功和失败都归因于外部因素和不可控的因素，比如运气

◇ 对学习成绩感到苦恼、羞愧和不安

◇ 在逆境面前会放弃并感到无助

◇ 在青春期后期自尊会下降

相关研究

先前已有研究强调了具有成长型思维模式或固定型思维模式的人的不同行为和思维过程（见本书第5项、第14项研究），本研究的结果支持了这一发现。令人鼓舞的是，研究正走出实验室，在现实生活中进行测试。

一项有趣的研究发现，帮助学生认识到个性不是一成不变的，有助于减少焦虑和抑郁症状。同样，帮助学生调整面对压力的心态，也就是说帮助他们认识到压力并不总是一件坏事，这有助于提高学生在面对逆境时的表现（见本书第51项研究）。

这项研究发现很有趣，具有成长型思维模式的学生更有可能以学习而不是成绩为目标。其他研究发现，以学习为导向的学生更有可能在任务上花更长时间，更努力地工作，表现出更强的适应力，选择具有挑战性的任务，会对学习产生更多的自豪感和满足感。

课堂启示

本研究强调，我们看待自己的方式会影响自己如何解释成功和失败，影响自尊，甚至影响未来的目标。研究还表明，除了学习成绩，成长型思维模式理论可以从根本上塑造学生对其教育经历的看法，并改变他们对教育控制力的认知。

研究人员指出，具有固定型思维模式的学生：会根据外部因素来解释学习成绩——包括成功和失败——因此，他们真的很无助，认为自己的成功和失败都是无法控制的。从某种意义上说，他们掉入了陷阱：他们为了证明自己能力强而努力争取学业上的成功，但却将成功归为运气使然。

而具有成长型思维模式的学生“认为他们想要成绩更好，只需要更加努力或运用更好的学习策略”。教师引导学生发展成长型思维模式是一种很有希望的策略，可以帮助学生更好地适应学校生活。

参考文献：Robins, R., & Pals, J. (2002). Implicit self-theories in the academic domain: Implications for goal orientation, attributions, affect, and self-esteem change. *Self and Identity*, 1(4), 313–336.

69 • 预设问题

研究概况

教师通常会在课后或复习时问学生问题，来检查学生学到了多少。但是，在学生真正学习开始之前就提出有关材料的问题是否有助于提高他们的记忆力呢？最近，爱荷华州立大学的研究人员对这种“预设问题”的方法的有效性进行了测试。

研究人员将学生分成两组。针对即将学习的视频材料，给予一组学生预设问题，另一组只是看了视频片段。然后对两组进行测试，以了解他们能记住多少。

主要研究结果

1. 拿到预设问题的学生比没有拿到的学生在测试中表现得更好。

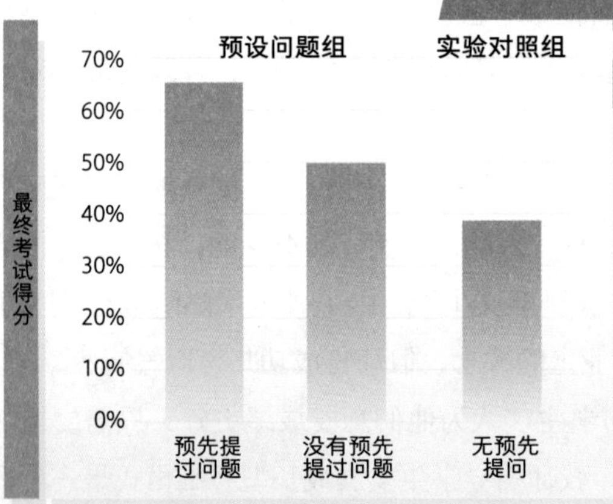

2. 在预先提问过的话题中，这一好处并不显著。而在没有预先提问过的话题上，预设问题组的学生也比同龄人成绩好24%。

相关研究

对预设问题的研究发现，无论是多项选择题、开放题、填空题还是简答题，预设问题都是有效的。研究人员提出了三个可能的原因来解释这一现象。首先，预设问题可以让学生预览课的性质。其次，它能激发好奇心和参与感。最后，它可以帮助自认已经知道了一切的学习者减少过度自信。这使得学生对课的反应更快，也更乐于学习。

然而，需要提醒的是，有证据表明，在学生自行安排进度的阅读任务前布置预设问题，实际上会阻碍学习。为什么会这样呢？研究人员指出：

在阅读过程中，预设问题可能会鼓励对信息的选择性处理，因为参与者会更强烈地关注与预设问题最相关的段落信息，而对与预设问题无关的信息关注较少（或可能完全跳过）。

课堂启示

作者承认，这一结果听起来可能与教育者的直觉相反，因为“还没有学过材料，如何能回答问题呢？”但要强调的是，“研究表明，预设问题可以显著增强学生对将要学习的信息的编码及记忆”。因此，如何以最好的方式来开始一节课值得深思。比起设定学习目标或课的结果，预设问题可能为课的开始提供了一个更好方式。

如前所述，如果教师不能控制课堂节奏（例如，在自主阅读任务中），预设问题就有潜在的负面影响。因此，这一方法最好应用于用视频或幻灯片展示信息的课堂。预设问题对记忆的提升能持续多长时间，这一研究仍在进行中，因此，最好将预设问题作为一个开场白，激发学生的求知欲望，并与其他行之有效的记忆策略结合使用，例如提取练习（见本书第23项研究）、间隔学习（见本书第4项研究）和交错学习（见本书第15项研究）。

参考文献：Carpenter, S., & Toftness, A. (2017). The effect of prequestions on learning from video presentations. *Journal of Applied Research in Memory and Cognition*, 6(1), 104–109.

70 • 学习风格的神话

研究概况

学习风格理论认为，每个人都有“学习风格”，如“视觉学习型”、“听觉学习型”或“动觉学习型”。采用与学生的学习风格相辅相成的教学方式，学生“将学得更好，表现得更好”。但是，有没有证据支持这一理论呢？

美国的4位心理学教授对现有的所有研究进行了彻底的回顾，以确定学习风格理论是否站得住脚。

主要研究结果

1. 是学习偏好，而非学习风格。学生可能对自己想要学习的方式有所偏好。但是，这并不等同于学习风格。偏好是你最喜欢的东西，却不一定是你学得最好的方法。

2. 缺少积极的发现。研究人员没有发现任何一项研究是以学生的“学习风格”教学，从而获得更好的结果的。

3. 不乏负面的证据。有大量证据表明，用学生最喜欢的方式教学，并不会使学生取得更好的成绩。研究发现，在教育、医学和心理实验室等很多领域，这一结论均适用。

4. 根据教学内容决定教授方式。例如，研究人员指出，“最佳的写作课可能包括大量的语言重点，而最有效的几何教学模式显然需要视觉空间材料”。

5. 即使研究发现，根据学生的学习风格进行教学会产生积极的影响（事实并非如此），这种影响必须非常大，才能证明所花费的时间、精力和成本是值得的。

相关研究

2012年，英国的一项调查发现，学习风格的神话仍然在学校中盛行，93%的英国教师相信这种说法。很难去讨论这一领域的相关研究，因为它明显缺乏对“学习风格理论”应用效果的研究。这是本研究论文的核心发现。

然而，另一项研究也值得注意，它发现，教学生综合运用多种感官往往会带来更好的学习效果，因为这有助于保持学生的注意力，同时，也有助于将更多的学习内容储存到长时记忆中。这表明，以特定的学习风格教学不仅不太有效，而且还会限制学生的学习量。

课堂启示

为什么学习风格在教育中如此流行？除了希望将人进行风格分类外，本研究的作者还指出：

如果某人或其子女没有在学校获得成功或取得优异成绩，那么，归咎于教育系统，而不是这个人或这个孩子，可能会更舒服一些。换句话说，与其将一个人的失败归结为缺乏能力或努力，还不如认为错误在于老师没有根据自己的学习风格进行适当的调整。

研究人员在论文的最后呼吁教育界人士采取行动：

如果要把教育转变成一个以实证为基础的领域，重要的是，不仅要确定有哪些教学方法有实验支持，而且要确定哪些广泛持有的信念影响了教育从业者的选择，但缺乏实验支持。

目前，尚没有足够的证据证明可将学习风格评估纳入一般的教育实践。因此，最好将有限的教育资源用于其他有强有力证据支持的教育实践，这样的实践有很多。

参考文献：Pashler, H., McDaniel, M., Rohrer, D., & Bjork, R. (2008). Learning styles concepts and evidence. *Psychological Science in the Public Interest*, 9(3), 105–119.

71 • 一起吃晚餐

研究概况

与过去相比，现在的家庭不太可能经常一起吃饭。但是有规律的家庭用餐时间对学生的成长有什么影响呢？研究人员调查了来自213个城市的近10万名学生，以找到答案。

主要研究结果

1. 超过一半的青少年每周与家人共进晚餐5–7次。对于年龄稍大的青少年，这个数字下降到了1/3多一点。

2. 经常与家人共进晚餐的孩子，以下情况有所增加：

◇ 与父母的沟通
◇ 父母在学校的参与度
◇ 动机水平
◇ 学校参与度和做家庭作业的时间
◇ 自尊
◇ 计划和决策的能力
◇ 对未来的乐观

3. 经常与家人共进晚餐的孩子，以下情况有所减少：

◇ 饮酒
◇ 吸烟
◇ 药物滥用
◇ 抑郁症状
◇ 反社会行为
◇ 暴力倾向
◇ 在学校的问题

相关研究

也有研究不仅关注了家庭用餐的频率，还关注了家庭用餐时的行为。一项此类研究发现，1/3的孩子在和父母一起吃饭的时候会看电视，这与孩子少吃蔬菜、多喝汽水和摄入高脂肪有关。尽管如此，这些孩子仍然比那些不经常和家人一起吃饭的孩子饮食更健康。

研究还表明，全家共进晚餐有助于青少年养成良好的饮食习惯，这种习惯会伴随他们直到成年。这与其他研究结果一致，儿童时期有规律地吃早餐也有类似的效果。而有证据表明，在过去的30年里，两者都有所减少，但通过计划吃什么和安排时间一起吃饭，可能会改变这种情况。

课堂启示

尽管本研究关注的是与家人用餐和学习成绩的相关性而非因果关系，但作者的确建议“青少年可以在进餐时学习社交技能、发展更积极的自我价值”。这引发了三个有趣的想法。首先，如果学生没有规律的用餐时间，会发生什么？这是否有助于我们理解作为个体的孩子和其日常生活？

其次，对于那些没有和家人一起吃饭经验的学生，教师该如何才能最好地帮助他们呢？最近，许多学校越来越多地使用“亲情房”（nurture rooms），其目的是复制这种体验，让学生可以练习发展人际关系。

最后，研究也重点强调了一个家庭一起吃饭对父母的重要性。这对父母来说很难，许多父母要么工作到很晚，要么轮班工作，但鼓励父母尽可能多地和孩子一起吃饭可能会改善学生的性格、提高学习成绩。

参考文献：Fulker, J., Story, M., Mellin, A., Leffert, N., Neumark-Sztainer, D., & French, S. (2006). Family dinner meal frequency and adolescent development: Relationship with developmental assets and high-risk behaviours. *Journal of Adolescent Health*, 39(3), 337–345.

72 • 电子笔记

研究概况

技术在教育中发挥着越来越大的作用。现在，学生使用笔记本电脑或平板电脑等电子设备记笔记已经很常见了。但是哪种方式记笔记更合适？笔和纸，还是电子产品？

研究人员根据学生使用的设备，调查了不同笔记类型的差异、学生随后在课堂上应用所学知识的能力，以及期末考试成绩。

主要研究结果

1. 用笔记本电脑记笔记的学生在回答概念应用问题时表现更差。

2. 用笔记本电脑记笔记的学生比在纸上记笔记的学生多写了30%的单词。前者也更有可能逐字记录。逐字逐句记笔记不需要学生思考正在记录的内容，因此只会导致浅层学习。

3. 即便老师告诉学生在笔记本电脑上逐字逐句记笔记的弊端，学生仍然会使用笔记本电脑记笔记。

4. 当学生们有机会在期末考试前复习笔记时，用笔和纸记笔记的学生比用笔记本电脑记笔记的人成绩更好。

相关研究

最近的一项研究未能再现这项研究中的一些发现。目前虽仍无定论，然而值得注意的是，其他几项研究也发现，在笔记本电脑上记笔记的学生很难坚持完成任务，因为他们屈服于在线视频、社交网络和购物等众多诱惑中。

学生用笔记本电脑记笔记的类型有所不同。研究发现，因为打字的速度比写字的速度快，学生更有可能逐字记录。然而这样做会导致学生的认知加工较少，因此，只能保留较少的信息。研究人员也建议向学生解释为什么手写笔记的学生表现更好。他们解释说，因为不得不放慢速度，学生只能被迫选择“在笔记中记录更重要的信息，这使其更有效地学习”。

课堂启示

作者在结论中对学生使用笔记本电脑记笔记这一行为提出了明确的告诫，他们说：“使用笔记本电脑会对学生在教育评估中的表现产生负面影响，甚至——或者特别是当他们使用电脑是为了更容易记笔记时。”从本质上讲，学生千万不要让记笔记变得太容易，因为这减少了深入思考和学习的机会。如作者所说，拥有“预期的困难”是有实际价值的。

这并不是说笔记本电脑不能提供一些独特的学习机会——比如快速获取更广泛的信息，而是说存在机会成本。看待电脑的最佳方式是“适度的谨慎”。尽管笔记本电脑越来越受欢迎，但它在课堂上弊大于利。

参考文献：Mueller, P., & Oppenheimer, D. (2014). The pen is mightier than the keyboard: Advantages longhand over laptop note taking. *Psychological Science*, 25(6), 1159–1168.

73 • 从众效应

研究概况

学生们了解自己的想法吗？还是可能会随波逐流？如果学生认为多数人在做错误的事情，他们也会跟着做吗？从众效应描述了当他人都这样做时，一个人跟着做某事的可能性。

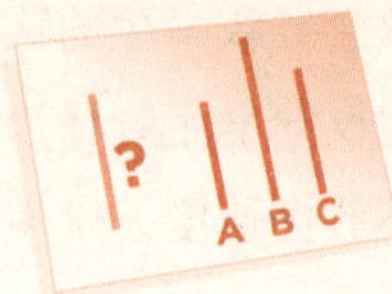

研究人员要求一组学生公开说出他们认为一条线有多长。在真正的参与者不知道的情况下，房间里的其他学生都是演员，这些演员学生们会给出错误的答案。那么，真正的参与者会给出正确的答案，还是会跟随小组得出错误的答案？

主要研究结果

1. 在约1/3的实验中，参与者都跟随小组给出了错误的答案。

2. 当他人在场时，75%的学生至少答错一次。

3. 当学生独自一人时，说出正确答案的概率超过99%。

4. 在随后的采访中，跟随小组并犯错的参与者表示，他们之所以这么做，要么是因为信心不足，认为小组最了解情况，要么是因为怀疑其他人都错了，但有一种从众和融入小组的欲望。

相关研究

根据所罗门·阿希（Solomon Asch）最初的研究，他调查了人们最有可能遵循从众效应的条件。他发现说出错误答案的人的数量会对从众效应产生影响，只有一个人说出错误答案会导致3%的错误率，两个人说出错误答案会将错误率提高到13%，三个人会导致32%的错误率。增加到三个人以上并没有改变从众水平。

最近的研究发现，在实验室之外的情境下，也会发生从众效应。例如，其中一项研究发现，如果人们认为酒店的其他客人也重复使用毛巾，那他们则更有可能重复使用毛巾（从而节省酒店洗衣费用）。

他人对青少年决策的影响已得到广泛研究。值得注意的是，那些危险的决定，如吸烟、未成年饮酒、开车超速，都是在他人在场的情况下做出的。这表明我们都容易受到从众效应的影响，青少年尤其如此（见本书第8项研究）。

课堂启示

这一研究给教师带来了两个不同层面的有趣启示。首先，人们很容易进入“群体思维”状态，即因为很多人认为一个建议很好，人们则无法批判性地评价建议的质量。正因如此，时尚和神经科学的神话潜入了教育和主流意识。

其次，从众效应解释了为什么学生在群体中的思维和行为可能与他们独自行动时不同。在这项研究中，一些参与者报告说，他们知道自己给出的答案是错误的，但还是因为社交压力而这么做了。实验证明，帮助学生了解自己的想法，而不是“因为其他人都这样”做出错误的决定，可能是更有价值的技能之一，这有助于学生度过棘手的青少年时期。

参考文献：Asch, S. E. (1951). Effects of group pressure upon the modification and distortion of judgments. In H. Guetzkow (Ed.), *Groups, leadership and men: Research in human relations* (pp. 177–190). Oxford: Carnegie Press.

74 • 科学家的奋斗精神

研究概况

成功科学家的生活和奋斗对学生的成绩有什么影响，研究人员对此进行了调研。在研究中，研究人员把学生分成三组。每一组都听说过关于阿尔伯特·爱因斯坦、玛丽·居里和迈克尔·法拉第的不同细节。告知第一组学生这些科学家们职业生涯中的奋斗精神，比如失败的实验，以及他们如何坚持不懈地克服这些困难；告知第二组学生这些科学家们个人生活中的艰难困苦，如贫困和缺乏父母的支持；告知第三组学生这些科学家们最大的成就是什么。

主要研究结果

1. 听到成功的科学家在个人生活或职业生涯中奋斗的故事，会让学生感到与科学家的联系更加紧密。与听到科学家最大成就的学生相比，这些学生取得了更好的成绩。

2. 这种影响在那些正在努力学习科学课程的学生中最为明显。

3. 那些只听说过科学家们巨大成就的学生，成绩下降了。这是因为学生觉得自己与科学家之间的联系更少，并且认为自己永远不可能比科学家拥有更高的科学能力。

作者在总结研究时指出，“学生认为科学上的成功取决于非凡的才能，这对其学习的动机产生了负面影响”。然而，研究人员最后提出了一个更加乐观、积极的观点，建议教师教授学生其他人如何克服困难，走向成功的案例，“从而在课堂上提高学生学习科学的动机和积极性，也包括其他学科”。

相关研究

如果学生将失败归结于稳定和内在的因素，比如感到智力不足，那么这可能会导致自我实现的预言，即导致失败是缺乏天赋。这会让人感到非常有压力，且失去动力，因为学生认为自己几乎无法影响结果。

研究表明，为了克服这种习得性无助，人们可以试着把失败归因于暂时的因素，比如运气或努力。这将带来更高水平的乐观和表现。

课堂启示

如果学生相信在科学和数学课程中取得成功的先决条件是卓越的能力和高智商，那么，选择学习这些科目的学生就会更少，遇到挫折时，学习好的学生也会感到威胁，会更快地放弃。从本质上说，“当学生在科学课上遇到困难时，可能错误地认为这表明他们不擅长科学，也永远不会成功”。

研究人员发现，通过故事帮助学生重新认识如何才能成功，是一种非常有效的方式。作者指出，“故事之所以令人难忘，是因为人们在情感上融入了角色的生活，以他们的方式看待世界，或者想象可能与之相似的情景”。

许多科学教科书都详细介绍了一些最伟大的科学发现，如爱因斯坦的广义相对论、玛丽·居里用镭治疗癌症、迈克尔·法拉第的电磁学研究。本研究表明，仅仅听到这些成就可能会使一些在竞争中处于弱势的学生失去动力。但如果告诉学生这些成就背后的故事，特别是科学家们的韧性与毅力的故事，将吸引学生的注意力，从而提高成绩。

参考文献：Lin-Siegler, X., Ahn, J. N., Chen, J., Fang, F. -F. A., & Luna-Lucero, M. (2016). Even Einstein struggled: Effects of learning about great scientists' struggles on high school students' motivation to learn science. *Journal of Educational Psychology*, 108(3), 314–328.

75 • 有效的教师

研究概况

是什么决定了教师的教学效果？对于第一次走进教室的年轻教师来说，教一大群学生可能是一件令人生畏的事情。有哪些关键的人格特征是最好的教师才具备的呢？

一个研究小组对390名在具有挑战性学校任教的新教师进行了跟踪调查，并根据教师的性格特点对学生一年中的成绩进行了比较。

主要研究结果

1. 如果教师有以下情况，学生的成绩会显著提高：

◇ 对工作的热情和坚持（在研究中通常称之为“毅力”）。

◇ 生活满意度高——作者指出，“生活满意度高的教师可能更善于吸引学生，其热情和热爱可能会感染学生”。

◇ 乐观和从挫折中恢复的能力。

2. 具有这些特质的教师，在小学任教或与有特殊教育需求的学生一起教学时，其影响最大。

相关研究

怎样才能成为一名好老师？研究人员已经对此进行了大量的研究（见本书第21项、第79项研究）。其中之一就是经验。一项大规模的研究发现，一位教师的经验越丰富，学生学到的知识就越多。值得注意的是，在一个人教学生涯的最初几年里，这方面就会有很大的进步。

但与直觉相反的是，有证据表明，教师的教育水平并不能预测学生的成绩。这可能是因为，对某一特定主题的知识有良好的认识，并不总是能够转化为有效教授该知识的能力。

教育之外的研究也发现，“在以前的研究中，坚韧不拔的人在非常具有挑战性的环境中工作得更努力、时间更长”。同样，其他有关教师压力水平的研究也发现，教师的情绪和幸福感会传递给学生。这些研究为本研究的发现提供了依据，即生活满意度高的、有韧性的教师能帮助学生取得额外的进步。

课堂启示

每年都有越来越多的教师离开了课堂，新入职的教师也越来越少，尤其是像数学、科学和英语这样的学科。虽然现在下结论还为时过早，但本研究可能有助于指导学校选择最佳教师人选，以及如何最好地支持现任教师。

这项研究得出了积极的结论，虽然这里研究的三个因素（毅力、生活满意度和乐观精神）相对稳定，但有证据表明，这些因素是可塑的，因此，这可以作为教师培训和教师持续专业发展（CPD）的一个良好目标。正如作者所言，“鉴于教师在儿童生活和学习中的重要作用，提高教师能力值得一试”。

参考文献：Duckworth, A., Quinn, P., & Seligman, M. (2009). Positive predictors of teacher effectiveness. *Journal of Positive Psychology*, 4(6), 540–547.

76 • 提取练习和压力

研究概况

运用提取练习复习的学生在压力较大的考试中，能更好地回忆起信息吗？为了找到答案，研究人员让一组学生通过做大量的测试和测验（即提取练习）来复习，另一组学生通过重读课文的关键段落来复习。然后，将每组的一半学生分别置于有压力或无压力的环境中，并记录下学生能记住多少。

主要研究结果

1. 使用提取练习进行复习的学生比重读笔记的学生成绩高出17%–26%。

2. 压力的增加使得通过重读笔记学习的学生成绩下降了32%。

3. 压力的增加对进行提取练习的学生的记忆并没有产生负面影响。

4. 提取练习在应对压力对记忆的负面影响方面非常有效，以至于在有压力的情况下进行提取练习的学生比没有压力的学生成绩更好，并且在复习中使用了重读技能。

相关研究

研究发现，压力会损害记忆，因为大脑中释放的皮质醇增多。这就阻断了海马体（大脑中主要负责记忆的部分）附近的通路，使记忆变得更加困难。提取练习为此提供了一种方法，因为练习时必须得出一个答案，所以这一行为创造了无数清晰的路径来获取大脑中的信息，基本上绕过了压力封锁。

有趣的是，压力水平似乎是会传染的，两项独立的研究发现，父母的压力水平往往会转移到孩子身上，教师的压力水平也会转移到学生身上。然而，有证据表明，压力并不总是一件坏事。压力过小，人们就会感到昏昏欲睡、漠不关心。但是，过度的焦虑、注意力集中以及过多的压力会导致记忆力下降。因此，当谈及压力时，似乎适用于“金发姑娘效应”，适量才有助于提高成绩。

课堂启示

这项研究表明，无论是小测验、多项选择测试、论述题或口头回答问题（见本书第91项研究），通过教学生提取练习的重要性，教师不仅可以帮助学生更快地学习，也有助于确保学生在期末考试的压力下，仍可以获取这些知识。

这一研究给学生的信息再清楚不过了：不要为了考试而学习，要为了学习而考试。通过这种方式，学生会学到更多，在压力下表现得更好。这意味着，学生能够在最重要的时刻做到最好。

参考文献：Smith, A. M., Floerke, V. A., & Thomas, A. K. (2016). Retrieval practice protects memory against acute stress. *Science*, 354(6315), 1046–1048.

77 • 虚假信心

研究概况

看他人完成一项任务是否会让人产生一种不准确的、过度膨胀的自信，以为自己也能完成这项任务？研究人员对此进行了一系列研究，让参与者观看其他人成功地完成一些任务。包括玩桌布魔术、太空步、玩飞镖和在线视频游戏。然后，研究人员测量了参与者的自信程度，继而让其完成这些任务，来评估自信的准确性。

主要研究结果

1. 人们看到别人做某项任务的次数越多，就越有可能相信自己也能做到。

2. 更多并不总是意味着更好。与只看一次相比，多次观看别人的视频并没有提高实际能力。

3. 有趣的是，当人们阅读或思考一项任务时，信心并不会增加。这种自信的增加只发生在看到别人这样做的时候。

4. 这种通过多次观察他人而获得的虚假信心，来自知道“该采取什么步骤，而不是采取这些步骤时的感受”。

相关研究

其他证据表明，即使从多个角度和慢动作观看一位熟练的表演者，单凭视觉也不足以掌握一项技能，因为不管人们看了多少次表演，都不会获得一项关键的东西："动手做的感觉。"研究确实表明，观察别人比什么都不做要好，但要真正发展才能和专业技能，需要大量的时间来刻意练习。

最近的一项调查问学生，要想帮助自己最大限度地学习新材料，会首先从以下选项中选择哪一个。包括：(1) 看他人完成任务；(2) 阅读相关内容；(3) 听指令。总的来说，学生们认为观察别人的表现是最简单、最有效的策略。但本研究的结果表明，事实可能并非如此。正如研究人员得出的结论那样，"虽然人们可能觉得自己正在学习眼前运动员、艺术家、技术人员表演的技能，但这些技能往往看起来容易做起来难"。

课堂启示

以往的课堂研究表明，往往是那些最努力学习的学生更容易产生一种虚假信心。这一现象也被称为"邓宁-克鲁格效应"(见本书第18项研究)。看着别人多次成功地完成一项任务可能会使情况变得更糟，因为这会导致"对后续训练所需练习的种类和数量的误解，因而准备不足"。

这表明，虚假信心是知道一步步要做什么，但没有实际行动的第一手经验的结果。前者培养信心，而后者培养能力。因此，向学生展示该做什么可能是一个好的开始，但是为了使学习真正有效，学生真的需要自己练习。

参考文献：Kardas, M., & O'Brien, E. (2018). Easier seen than done: Merely watching others perform can foster an illusion of skill acquisition. *Psychological Science*, 29(4), 521–536.

78 • 课堂中的背景音乐

研究概况

在演示文稿中加入声音是否会有助于学习？科学家对此进行了一系列研究。他们将各式各样新的概念教给学生，譬如闪电的形成过程，或是液压刹车系统的操作方法。在不同学生的课上，研究者对比了4种变量所产生的影响：只加入背景音乐；只加入声音（比如在讲授闪电的概念时播放雷声）；同时加入两者；不加入任何背景音乐或声音。

主要研究结果

1. 相比同时接收了背景音乐和声音的学生，在安静的课堂听课的学生能够回想起的知识点要多出76%。

2. 课上有背景音乐的学生比没有的学生学到的东西更少。后者能回想起的知识点比前者多11%，并且他们其后的测验成绩也比前者高29%。

3. 声音这一变量产生的影响在实验中时好时坏。作者指出："声音的关联性以及整合度越高，对学生理解教学内容的帮助就越大。"也就是说，影响好坏的关键在于对声音的使用方法。

4. 本身就喜欢听音乐或者背景噪声的学生，并没有在加入了这些变量后表现得更出色。这意味着其个人偏好无法准确预测到底什么能够帮助他们学到更多。

相关研究

越来越多的证据表明，给课堂添加有趣的元素或者所谓“诱人细节”，反而会阻碍学生的学习并影响其之后的课堂表现。这可能是因为学生往往倾向于记住教学内容里有趣的部分而非重要的内容，而前者会给大脑的工作记忆增添无意义的负担。

如果教师和学生想在上课或复习中加点东西进去，不妨了解一下“双重编码理论”。该理论认为，语词和图片的结合能够同时涵盖到内容的言语表征和视觉表征，因此有助于将其融入学生的长时记忆中。但同时，前文所述的研究也发现，音乐与学习并非相辅相成，它更像是一个竞争者，每一刻都在争夺学生的注意力。尽管不少人会说边听音乐边复习能让功课不那么费劲，但证据表明这样做其实得不偿失。

课堂启示

对任何设计并在课堂中使用演示文稿的人来说，这项研究可能会为他们省下大量的时间。即便软件提供了一大堆眼花缭乱的功能，我们也最好谨慎地决定用还是不用。每个人在创作新内容时都应该问自己一个终极问题：“要是这么做会妨碍学习，到底还值不值得？”除非你对回答“是的”很有自信，否则最好不要浪费时间和精力了。

该研究的作者在文末大胆并肯定地指出，“在多媒体教学中，应只提供那些与教学内容相关，且能起到互补作用的外界刺激”，同时也强调，“教师在使用听觉材料时需要克制，不要为了吸引眼球而本末倒置”。大道至简，沉默是金。

参考文献：Moreno, R., & Mayer, R. E. (2000). A coherence effect in multimedia learning: The case for minimizing irrelevant sounds in the design of multimedia instructional messages. *Journal of Educational Psychology*, 92(1), 117.

79 • 识别优秀教师

研究概况

道之所存，师之所存，教师的责任之重不言而喻。因此，要做好这份工作就更需要对的方法。这其中一个重要的部分，是教师与教师之间互相学习的方法。在长达5年的时间里，研究者就两个问题调研和访谈了来自14所小学的教师。这两个问题分别是：他们如何辨别彼此的专业水平；他们是否愿意向最优秀的同事寻求帮助和建议。

主要研究结果

1. 在被问到同事中哪一位是最优秀的教师时，大部分人（超过90%）不会根据学生考试成绩作出判断。

2. 以下几点取代了学生的考试成绩，成为教师评判同事专业水平的标准：

◇ 使用的教学方法

◇ 在课堂上对学生提出的问题

◇ 课程的结构和流程

◇ 调动学生参与度的能力

◇ 学科知识

3. 班上学生的考试成绩与同事是否会找教师们寻求建议无关。

4. 另外，以学生考试成绩为标准脱颖而出的“专家型教师”，往往更有可能会向同事征询建议。看起来似乎一个教师表现越出色，就越乐于向外界寻求反馈以获得成长。

相关研究

最优秀的教师常常"不耻下问"，可他们自己却很少被人请教，这种情况并不罕见。有关邓宁-克鲁格效应（见本书第18项研究）的研究发现，能力不佳的人反而喜欢高估自己，这可能也是他们"不闻不问"的原因。毕竟，都"牛"得没什么提高空间了，何必还要寻求建议呢？

另一些研究触及了反馈的复杂性，认为反馈是一把"双刃剑"（见本书第25项研究）。现已发现有超过1/3的反馈干预最终效果弊大于利，这表明反馈的质量和数量同样重要。一项研究发现，如果学生在特别困难的任务中获得成功，教师就更有可能会给出反馈（见本书第97项研究）。

一篇评阅文章（见本书第52项研究）就如何提供反馈给出了很好的指导，展示了在不同的时间和学习阶段，对任务、策略或学生的自我调节进行反馈的重要性。

课堂启示

为什么大多数教师不把学生考试成绩作为衡量教学技能的关键因素？研究人员认为，教师一般不相信学生的考试成绩是衡量教师表现的有效标准。如果他们相信的话，当教师决定向谁寻求建议时，也不大可能立刻想起哪位教师的学生成绩更好，特别是如果这些决定是在工作日迅速做出的。从本质上讲，教学技能被视为一种可以被感知的东西，而不是通过客观的数据来衡量。

对于专家型教师更倾向于寻求建议和反馈的发现，研究人员推测，他们寻求建议的倾向可能是因为他们代表了一群通过寻求他人的建议和信息来不断努力提高自己的教师。创造一种所有员工都能欣赏、重视并积极寻求反馈的环境和文化，可能是提高教学水平的关键，从而提高长期的教育质量。

参考文献：Spillane, J. P., Shirrell, M., & Adhikari, S. (2018). Constructing "experts" among peers: Educational infrastructure, test data, and teachers' interactions about teaching. *Educational Evaluation and Policy Analysis*, 40(4), 586–612.

80 • 如何阅读笔记

研究概况

最受学生欢迎的复习策略之一就是反复阅读笔记。但多年来的大量研究强调，这可能是一个相当无效的策略，尽管如此，它仍然被广泛使用。那么，如果学生要阅读笔记，他们怎样才能以最有效的方式来做呢？为了找到答案，研究人员进行了一项大规模的文献综述，分析了65项有关该主题的不同研究。

主要研究结果

1. 背景语音、噪声和音乐都对阅读理解产生负面影响。儿童和成人都是如此。

2. 研究人员发现，“抒情音乐比非抒情音乐更令人分心”。

3. 背景演讲和音乐都是最大的干扰，而且分散注意力的程度可能是相同的。研究人员评论说，这令人惊讶，因为“大多数人主观认为抒情的音乐会比演讲导致更少的分心”。

相关研究

这项研究提供的宝贵见解在于指出，简简单单地重读一遍笔记是学生最欢迎的备考方式之一，但这也是最低效的方式之一（见本书第1项研究）。另一些研究则划出了一条明路——如果学生打算将阅读作为主要的学习手段，就应该大声地把笔记朗读出来（见本书第34项研究）。此外，我们还要尽量减少阅读环境中的噪声，因为它本质上就是在分散注意力。其他研究得出的在学习时听歌会对考试成绩产生不利影响的结论也佐证了这一点（见本书第17项研究）。

其实，除了能提高学业成绩，将阅读本身当作一种消遣带来的益处更多，比如，扩充词汇量、改善心理健康和夜间睡眠质量、延缓晚年的心智衰退等。而青春期正是培养这种愉快的阅读态度的黄金时段，这也意味着学校和家长此时的作用至关重要（见本书第54项研究）。

课堂启示

此类研究意义重大，因为阅读占用了我们大量的课堂时间和独立学习的时间。其结论也一目了然："背景里的噪声、讲话和音乐几乎总是让人分心，即便影响算不上大。"鉴于多项研究报告都指出，有超过50%的学生在有背景音乐的环境里学习或是做作业，上面这些结果或许有助于改善他们的学习习惯。

改变这种情况的核心是一个"三步走"的计划。首先，应该鼓励学生自我反省目前的学习习惯，看看自己是否正在犯一些可以避免的错误。其次，我们要让孩子理解在外界声音过大的环境中阅读和复习的坏处。最后，要有持续不断的支持，唯有如此干预措施才能够发挥最大的作用。以如何有效阅读为主题的一次培训也许能有一些短期收益，但后续帮助的跟进才能带来长久的改变。

参考文献：Vasilev, M. R., Kirkby, J. A., & Angele, B. (2018). Auditory distraction during reading: A Bayesian meta-analysis of a continuing controversy. *Perspectives on Psychological Science*, 13(5), 567–597.

81 • 升学

研究概况

从小学升入中学的过渡阶段可能会是学生的困难时期。年轻的学生不得不面对崭新的环境和更繁重的课业，同时还要忙于构建为数更多的师生关系。有证据表明，这些压力会在一开始让学生的成绩下降，并让他们对于学校的态度变得更消极。

对于如何能更好地帮助学生应对这种转变，研究者近期做了一定的探索。为了尽可能避免评估中出现任何偏见，他们进行了双盲实验。这意味着对于自己到底是身在实验组还是对照组，参与的教师和学生对此都一无所知。在该项研究中，实验组被告知在升学初期可能会出现融入困难的情况，以及有关如何更好地适应新的学习和社交环境的建议。他们还获知自己可以在这过程中得到支持。最后，实验组的学生还被要求思考他们会如何应对假想的状况。

主要研究结果

1. 报告中实验组的学生有着：

◇ 对学校更高的信任程度

◇ 更高的社会归属感

◇ 更低的焦虑水平

2. 实验组在后续学习中获得的总体分数更高，并且低分更少（D和F）。

3. 实验组的学生平均比对照组的学生低12%的缺勤率和34%的行为推荐记录。

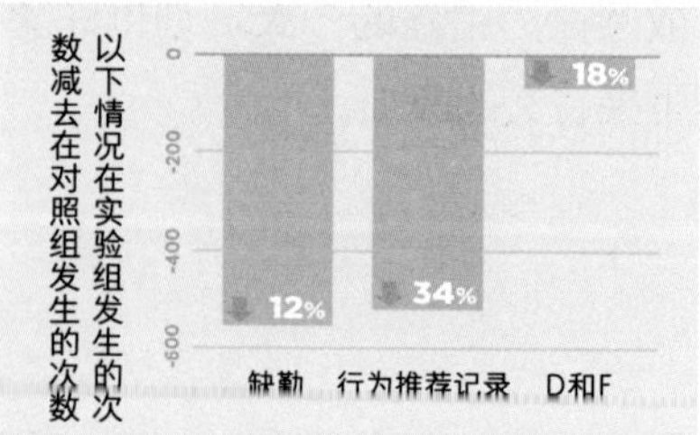

相关研究

从小学到中学的过渡总是充满了困难和纠结，这个年龄段的学生恰好经历着许多身心变化。一些研究表明，这种变化带来的压力在加入一所新学校时会被放大，因为学生此时要面对更重的课业负担、更多元的师生关系，甚至是更大的教学楼。

多项研究发现，由升入中学引起的压力常常伴随着负面影响，这其中包括学期初的成绩骤降、自尊心受挫以及对教师的态度变得消极。一项研究提出了可能的应对办法。哥伦比亚大学和斯坦福大学的研究人员对青少年展开了两年多的跟踪调查。调查发现，学生的心态影响了他们应对转变的能力。其中，具有成长型思维模式的学生（见本书第5项、第68项研究）更有可能获得好成绩、实现学习目标、重视努力并采取积极的应对策略。相比之下，固定型思维模式的学生会有更多的无助感。

针对升学阶段的研究也涉及了本科新生。最近的一项研究发现，应对变化的关键是拥有达观的眼界、健康的身体以及创建并维持属于你的支持网络。

课堂启示

我们对于学生升入中学的支持，应该从小学毕业前就开始。过去的研究发现，组织他们参观中学、提供准确的信息来做好预期管理，以及掺入少量的中学教学内容都会起到帮助。该研究同样证实，事先消除学生的顾虑（例如大多数人常会担心自己能否融入或者可能会不知所措）将有助于过渡。

教师可以构想一些学生将不得不面对的场景，这些场景能帮助他们更好地了解学生当下的感受，以便共同探讨出一些办法来使升学变得更顺利。

参考文献：Borman, G. D., Rozek, C. S., Pyne, J., & Hanselman, P. (2019). Reappraising academic and social adversity improves middle school students' academic achievement, behavior, and well-being. *Proceedings of the National Academy of Sciences*, 116(33), 16286–16291.

82 • 边画边学

研究概况

生产效应是指，如果学生在学习的同时也创造出了某些新的东西，将有助于他们把学习的内容巩固为长时记忆。针对生产效应的研究并不少，比如让学生为其他同学上一堂自己设计的课，或者是让学生把学习的内容大声地念出来（不同于默读，“念”这个行为本身意味着从文字中“生产”出声音）。

但如果是让学生把他们正在学习的东西画出来呢？这其中是否也有生产效应呢？来自德国和美国的大学的研究者为这个问题进行了合作。他们将又读又画的学生同那些只阅读文字材料的学生进行了比较。他们还另外试验了只画不读，以及直接把画好的图示交给学生这两种情况。

主要研究结果

1. 又读又画的学生在期末测验中的表现明显更好。这个结果也适用于他们在理解测验中的表现，以及当要求他们重现自己绘制的图示时的表现。

2. 又读又画的学生需要更多的学习时间（绘制图示本身就要花费时间）。然而，进一步分析显示，并非只是因为额外的学习时间使得这些学生的表现更好，绘制图示这个行为本身起到了很大的作用。

3. 又读又画的学生在学习中更为努力。这可能是因为他们受了自己表现进步的鼓励。

4. 相比直接收到已完成图示的学生，那些由自己绘制图示的学生在后续测验中表现更好。

相关研究

关于绘制图示对学习的影响，过去的30年内已有过多次研究和验证。研究人员总结了这些发现："经由绘制，学习者不再一味地被动接收信息和知识，而是主动参与了选择、组织和整合的认知过程。因此，绘制图示对于学习者来说是一种认知学习策略，它旨在促进文本学习，在使用充分且得当时能够提高学习成果。"

此后的拓展研究在该领域开创性地揭示了绘制图示学习中的三个重要步骤："首先，学习者从文本中选择相关的重要信息。其次，组织该信息以组成源文本的内部语言表征。最后，学习者构建文本信息的内部非语言（视觉）表征，并将其同语言表征和相关的原有知识联系起来。"通俗来讲就是，它帮助学生选择、组织和回忆信息，并将之巩固为一种长期的知识。

课堂启示

研究人员强调，在这个实验中他们给了学生一些有关如何绘制图示的提示和方法。这么做可以在给学生一个基本框架的同时，也给予他们相应的自主权——学生有必要自己想方设法画出图示。如果教师希望在课堂中应用这个教学技巧，就要将此牢记于心。

这一研究领域可能对正在课堂外备考的学生也很有用。思维导图是时下流行的复习技巧，但通常仅限于文字。该研究建议，将图示和图表混搭不失为一种补充。

参考文献：Schmeck, A., Mayer, R. E., Opfermann, M., Pfeiffer, V., & Leutner, D. (2014). Drawing pictures during learning from scientific text: Testing the generative drawing effect and the prognostic drawing effect. *Contemporary Educational Psychology*, 39(4), 275–286.

83 • 有效的师生互动

研究概况

好的学习环境往往一目了然却难以描述。这项有趣的研究探索了师生互动对学生在测验中的表现所产生的影响，并进行了评估。

来自弗吉尼亚大学、罗格斯大学、马里兰大学和不列颠哥伦比亚大学的研究者追踪了来自11所学校超过100个教室的将近2000名学生。他们对怎样的师生互动最能营造有效的学习环境进行了评估。

主要研究结果

1. 在将上一年的测验表现纳入考量后，师生互动的质量预测了学生在年终测验中的表现。

2. 更优异的学习成果与以下几点相关：

◇ 课堂中积极的情绪氛围：包括积极的关系和良好的沟通。

◇ 对青少年需求和想法的敏锐察觉：高水平的移情、变通和回应的能力。

◇ 使用多样化且引人入胜的教学学习安排：清晰的学习目标和活动范围。

◇ 对分析和解决问题的专注：发展学生的元认知。

3. 高质量的师生互动在小班化课堂中的效果最为显著。

相关研究

最近的国际学生评估项目（PISA）对全球各地学校的审查结果肯定了这项研究中的一些发现。它证实了为帮助弱势学生培养其学习适应能力和提高整体的受教育程度，拥有“良好纪律的课堂氛围”是一个重要的因素。有趣的是，PISA的研究并未发现小班化教学能够达到同样的效果（见本书第62项研究）。

其他一些研究也强调了师生关系的重要性，因为它会影响学生的参与度，以及学生看待自己和班上同学的方式。不应忽视的是，教师自身的幸福感也与此密切相关。一项研究发现，一位教师有着越多糟糕的师生关系，其压力和消极情绪的水平也越高。

能敏锐地体察青少年的需求和想法是师生互动的关键，有趣的地方在于许多研究发现，青少年和成年人的大脑有非常大的差异（见本书第8项研究）。其中比较显著的差异包括对待风险和社会地位的态度，以及自我控制和调整的能力。

课堂启示

本研究的作者强调："为了激发青少年学生的课堂学习动机，要让他们有积极的情感参与。"这表明教学的方式和出发点与教学内容本身一样重要。以往的研究对此给出了几个提示，其中包括创造学生的目标感（见本书第14项研究）、由教师提出前置问题（见本书第69项研究），以及发展学生的元认知技能（见本书第84项研究）。

参考文献：Allen, J., Gregory, A., Mikami, A., Lun, J., Hamre, B., & Pianta, R. (2013). Observations of effective teacher-student interactions in secondary school classrooms: Predicting student achievement with the classroom assessment scoring system-secondary. *School Psychology Review*, 42(1), 76–98.

84 • 元认知

研究概况

元认知的概念在教育领域变得越来越热门。如这项研究所述，它涉及了诸如“自我调节学习”、“思维技能”和“学会学习”等领域。近期的一次对现存心理学研究的评阅，着力于了解元认知对于学生的影响，以及怎样能最好地利用这种影响。

主要研究结果

1. 元认知策略与以下两点密切相关：

◇ 更优异的学习表现——在数学课上尤其如此。但研究者也认为：“只要在课上教学生使用元认知技能，那么无论这堂课属于哪一门学科，学生的成绩都会有所进步。”

◇ 学习动力的良性循环——“充足的动力会催动元认知的改善，而后者又能反过来激发出更大的动力”。

2. 谁能从中受益？

◇ 元认知干预有益于学生从小学到大学的整个学习阶段。

◇ 对弱势和困难的学生，以及有着挑衅型行为的学生帮助很大。

3. 怎样正确地传达元认知策略：

◇ 将其植入完整的课程，而不是用零散的几堂课讲完。

◇ 要把元认知策略的用途和学习元认知策略的目标清楚明白地教给学生。

◇ 不要急于求成，细水长流才能发挥其最大的作用。

4. 局限性

◇ 我们很难量化或评估元认知。

◇ 虽然我们了解哪些东西与元认知有关，但尚不清楚其中的“因果关系”。这两者是有着细微差别的，也意味着关于元认知，我们还需要进一步的研究。

相关研究

其他研究展示了两种不同类型的元认知。一种是“元认知知识”，指学生对自己知道或不知道什么（自身的优势、劣势和知识短板）的认识。另一种是“元认知调节”，指的是学生可以用来管理自我认识和情绪的不同策略。两者的发展可能同样至关重要，也就是说元认知的常见定义“思之所思”不足以阐明其全部。

证据显示，元认知或许不仅是提高学生成绩的最有效的策略之一，大概也是最“划算”的策略之一。元认知在包括数学、理化生、语文和音乐的一系列学科中都能发挥作用。不光是成绩方面，一些论文还指出它有助于自我意识的提升。这种提升对初学者/学困生（见本书第18项研究）以及高才生/特长生（见本书第43项研究）可能都会产生影响。

课堂启示

本课题的研究者坦率承认，我们有时很难对元认知进行定义和分类。他们指出：“由于元认知模糊的特性，应用于课堂的元认知策略尚无统一的分类。然而，大多数教育工作者或多或少都会用到这类策略。其应用场景包括帮助学生在完成某一项任务时监控、计划、评估和调整他们自己的表现，以及有意识地帮学生解决新问题。”

事实上，之前的一项研究（见本书第61项研究）发现，通过让学生问自己三个元认知问题，学生的自我反省能力、情绪控制水平和考试成绩都有所改善。这些问题分别是：“我需要哪些资源来帮助自己学习？”“为什么这些资源会起到帮助？”以及“我将如何使用这些资源？”

另有一些方法，比如鼓励学生反思一下：在自己的学习过程中，有哪些方法和习惯行之有效，哪些又收效甚微？经此，学生就能总结出下次值得改进的地方。这么做虽然在短期内更花时间，然而从长远来看回报更丰。

参考文献：Perry, J., Lundie, D., & Golder, G. (2019). Metacognition in schools: What does the literature suggest about the effectiveness of teaching metacognition in schools? *Educational Review*, 71(4), 483–500.

85 • 家长的参与

研究概况

家长的参与能够怎样影响孩子的成绩？有许多人对该领域的研究很感兴趣。虽然有许多种方法可以对家长的参与进行定义和评估，但主要还是取决于两个方面：家长同学校的配合度和在家时的参与度；家长对孩子的教育，对学校、老师的态度。

一项针对158名小学年龄段学生的研究透露了一些信息。该研究追踪了多方面的因素，包括家长的参与程度、学生的智商、学业表现、学生对学业的自我评估能力以及师生关系。研究人员通过标准化测试和教师问卷来进行结果评估。

主要研究结果

1. 家长的参与度和学生的学业表现有着积极的关联，其影响超越了因孩子的智商差异而导致的区别。

2. 剔除了智商因素后，家长的参与和以下两点有积极的关联：

◇ 学生和老师的良好关系

◇ 学生如何认识自己的认知能力

3. 一旦将师生关系也计算在内，家长的参与度就难以直接预测孩子的学业表现了。这足以说明师生关系的重要性。

研究者也指出了该研究本身的一些局限。由于有的评估指标的数据是基于教师的看法和意见而获得的，这或许就会导致一些偏差。“尤其是一些教师可能会被外界因素过分影响，比如因为家长是该校家长教师协会的一员，所以无法确定这些家长对孩子教育的真实态度。”

相关研究

大量的研究强调了父母的参与同孩子成绩之间的积极关系。事实证据表明，相比实际的考试结果，孩子更在意父母对自己学业能力的信赖（见本书第46项研究）。

一项此类研究（见本书第11项研究）发现，家长对孩子成绩影响最大的两种正面行为，分别是对子女抱有较高的学业期望，以及和他们保持定期的沟通。但过犹不及，父母也需要谨慎行事。例如一项研究（见本书第64项研究）发现，那些独立完成作业的学生，他们的期末考试成绩要比别人高出10%以上。这足以说明来自家长的辅导也并非多多益善。

研究还发现，父母的参与和师生关系有着积极的关系。重要的是，许多研究都会强调健康的师生互动能带来的诸多好处（见本书第83项研究）。所以，只要是有助于这种互动的行为，我们就理应赞赏和鼓励。

课堂启示

本研究的作者建议，学校应该"调查提高家长对孩子教育的积极态度的方法，并向家长证明，他们的态度与孩子的学习成绩有关"。

然而，似乎没有一种固定的方法来做到这一点，因为"需要纵向研究来了解这些变量如何随着时间的推移相互作用"。因此，这项研究的发现，虽然与之前的研究同步，但应该考虑这一点。目前看来，家长会、学校简报和校园计划可能是最有用的。

参考文献：Topor, D. R., Keane, S. P., Shelton, T. L., & Calkins, S. D. (2010). Parent involvement and student academic performance: A multiple mediational analysis. *Journal of Prevention & Intervention in the Community*, 38(3), 183–197.

86 • 糟糕的决策

研究概况

为什么学生会在当下作出一些不利于将来的决定呢？对于那些需要为重要考试做充足准备的学生而言，这个问题尤为适用。他们很清楚这场考试的重要性，可一旦到了需要准备和复习的时候，他们未必总能作出合理的决策。假如我们能搞清这背后的原因，那么我们就有望在孩子学习生涯的这些关键时期更好地劝导和指点他们。

幸运的是，思维偏差领域的专家已对此研究了许久。为什么我们会作出某些决定或者选择一些体验，尽管从长远来看它们并未使我们快乐？结合数十年来的研究成果，来自芝加哥大学的心理学家总结了其中的原因。

主要研究结果

人们未能作出最佳选择是因为他们未能准确地预见未来，以及未能贯彻初衷。

1. 未能准确预见未来的原因

◇ **影响力偏差：** 人们常常高估正面事件的强度和持续时间。我们原以为快乐会变得更强烈也更持久。

◇ **投射偏差：** 我们会将眼下的感受投射到未来的事件当中，即便两者毫无瓜葛。举例来说，研究者表示："如果在人们晚饭刚结束时，要求他们预计自己隔天一早面对丰盛的早餐会有多享受，这时人们的预计普遍都很保守。他们的出发点就好像是既然自己现在饱了，明天早上依然会觉得很饱一样。"

◇ **记忆偏差：** 在预测未来的事件时，我们会依赖自己在过去面对类似事情时的感受。但记忆是不可靠的，它很容易被篡改而且漏洞百出。

2. 未能贯彻初衷的原因

◇ **冲动：** 延迟满足不是什么易事。哪怕知道结果，许多人也宁愿现在就早早体验，而不愿多等一会儿以便未来得到更长久的享受。

◇ **囿于规则的决定：** 恪守严格的规矩或是死咬着自以为"我有义务""我应当"要去做的事不放，会让人们在这样的特定环境下对自己过于严苛，从而忘记去做真正需要做的事。

相关研究

这项研究归纳了导致人们作出错误决策的其中两个原因：我们不善于预见未来，也难以贯彻自己的初衷。就前者而言，本次的发现和前人的研究结论一致，即我们不太擅长猜测一项任务的耗时（见本书第18项研究）。其中部分原因在于我们对时间的感知力非常糟糕，并且存在记忆偏差，于是我们容易高估自己在某次经历或事件结束时的那一刻的瞬间感受（见本书第98项研究）。

关于前面提到的第二点，研究表明仅在任务开始时获得激励通常是不够的（见本书第6项研究）。要将意向转化成行动，拥有延迟满足的能力极为关键（见本书第13项、第31项研究）。在短期内吃一点苦，我们就能获得更长远的成功。但说起来容易做起来难，因为人们很容易就会掉进即时奖励的陷阱。此外还有证据表明，大脑差异的存在让有些人很难实现延迟满足。幸运的是，其他研究提供了一些改善的办法。例如，假若周围的环境始终可靠，足以让学生信任教师、家长，这就有助于强化他们延迟满足的能力。

课堂启示

伴随着长大和每一次升学，学生独立学习的能力也变得日益重要。无论是在家里还是在学校，这些自主的学习时间都会对他们的考试（和切身的未来生活）产生巨大的影响。为此，只要能证明可以帮助学生作出更为正确的长远选择，无论什么都值得我们欢迎和接纳。

教师可以帮助学生反思过去的经历，并让他们根据不同的结果去设想自己未来的感受。另外，消除短期干扰、保持充足睡眠（见本书第29项、第92项研究）以及设定有效的目标，能够增强学生对于冲动的控制力。

参考文献：Hsee, C. K., & Hastie, R. (2006). Decision and experience: Why don't we choose what makes us happy? *Trends in Cognitive Sciences*, 10(1), 31–37.

87 • 学生的自我认识

研究概况

同样是在一个年级的孩子，早出生还是晚出生对他们的表现会有怎样的影响？以往面向小学年龄段学生的研究认为这种影响是巨大的。考虑到在小学入学时，同一年级中最年长的孩子与最年幼的孩子的年龄差可能达到20%，得出这个结论也就不足为奇了。

年龄差距对学业能力产生的实际影响将会逐年减弱，但它在学生对学业能力的自信这一块又扮演着怎样的角色呢？为了解答该问题，研究者近期做了一项测试。他们监测了超过10000名15岁的澳大利亚学生，监测的指标包括这些学生的年龄、自我信念的水平和大学申请的情况。

主要研究结果

1. 与同学相比，同年级中较为年长的学生普遍认为自己在这些方面更有优势：

- ◇ 数学能力
- ◇ 语文能力
- ◇ 总体的学业能力

2. 剔除了实际的学业成绩这一直观的变量后，在同年级中更为年幼这一情况对于今后能否就读大学来说是一个负面的关联性指标。

3. 然而，如果自我信念水平较高，那么在同年级中更为年幼就不会有任何重大影响，而自我信念本身是具有极强可塑性的。

相关研究

“相对年龄效应”指的是，在同一年级中较为年长的那些孩子往往有着更优异的表现。一项针对5–7岁儿童的研究发现，孩子出生的月份和他们在语音测试中的表现存在关联。在测试中，早出生的孩子明显表现得更好。

来自教育数据实验室的证据专门指出，“相对年龄效应”的影响在小学阶段比中学阶段更为显著。部分原因在于，作为分母的“年龄”越小，作为分子的“年龄差”较之所占的百分比也就越高。

其他学科领域的研究表明，该效应的影响比许多人所知的更为普遍。关于“相对年龄效应”在体育运动中的影响，在近期的研究中人们整理了跨度23年，涉及14个体育项目和16个国家的38项不同研究的结果。他们发现：同年龄组里，出生于第四季度的参赛者与出生于第一季度的参赛者之间的人数比小于2 ∶ 3。具体来说，研究人员发现无论是在休闲体育还是竞技体育项目中，同一年龄组中最年幼的孩子入选14岁以下级别比赛以及15–18岁地区或国家级比赛的概率更小，而且他们今后成为优秀运动员的概率也比同组的孩子要小。

课堂启示

“相对年龄效应”可能会引发轻度的“自我实现的预言”。晚出生意味着这些学生在生理、情感和认知上都落后于更为年长的同龄人。但是，假如他们因此被视为不够聪明或者让人们以为他们有行为障碍，这些学生就会长期背负着这样的标签，从而导致老师、父母甚至是他们自己戴上有色眼镜，相信标签会跟随自己一辈子。所以，我们务必要对事不对人，在向孩子提供反馈时要专注于任务本身，还要时刻留意他们如何处理问题以及自我调整（见本书第52项研究）。

参考文献：Parker, P. D., Marsh, H. W., Thoemmes, F., & Biddle, N. (2019). The negative year in school effect: Extending scope and strengthening causal claims. *Journal of Educational Psychology*, 111(1), 118–130.

88 • 自我调节学习

研究概况

多年以来在认知心理学领域的研究发现，诸如提取练习、间隔学习等复习策略，远比死记硬背和重读笔记等要来得有效。

这些过去的研究让我们对此已有了一定的了解，不过疑问依然存在。学生在复习阶段为自己选择最佳策略的可能性有多大？个人心态对他们的选择，对他们做好复习的动力，以及高效达成这个目标的能力分别会有怎样的影响？近来，研究者希望能够给出回答。

主要研究结果

1. 最流行的复习策略是重读笔记，有75%的学生声称他们经常这么做。

2. 66%的参与者表示他们会使用某种形式的提取练习，其中最常用的是使用抽认卡（40%）和进行自我测验（46%）。

3. 学生选择使用间隔学习式记忆的频次（39%）和选择死记硬背的频次（36%）非常接近。

4. 61%的学生报告他们会选择学习并复习日期最短的学科，只有20%的学生会厘清优先级并学习自己的弱项。这说明最后期限要比复习安排更易为学生带来动力。

5. 相比于像重读笔记这样低效的复习策略，具有成长型思维模式的学生更有可能重视高效的复习策略，比如提取练习。

6. 具有成长型思维模式的学生更有可能由内因激励而去复习，而具有固定型思维模式的学生则更需要外因的推动。

相关研究

这项研究乃是基于先前的一项对有效学习策略进行排名的研究（见本书第1项研究）。过去我们发现，诸如“提取练习”（见本书第23项、第76项研究）、“间隔学习”（见本书第4项研究）和“交错法”（见本书第15项、第96项研究）之类的策略要比仅仅是重读笔记更加有效。现在，这项研究帮助我们将这些优秀的策略与最流行的策略进行了比较。其作用和意义在于指出了一个不幸的事实：对于许多学生来说，他们拿来当作宝贝一样每天在用的策略恰好是效果最差的那个。

这项研究同样立足于先前对成长型思维模式的研究（见本书第5项研究）。迄今为止，该研究重点关注了不同思维模式的学生有着怎样的感受。其证据显示，大多数具有成长型思维模式的学生在学业表现方面更加努力上进、情绪稳定和自尊自重（见本书第68项研究）。据我们所知，这是首次将思维模式同复习技巧联系起来的研究。

课堂启示

研究人员总结了他们的部分发现：“如果个体坚信智力会随着努力而提高，就更有可能重视自我测验的教学效益，也更有可能重新学习，并且通过内部动力激励自己。”他们主张对其研究发现保持一定的谨慎，因为“我们的报告具有关联性”，但是要注意——“有效的自我调节学习需要理解什么样的学习策略才是有效的，还要认识到困难和努力是学习过程的核心，而不是失败的信号”。

这表明学校可以采用双管齐下的方法来帮助学生更好地学习。其一，可以教给学生不同类型的学习策略，包括其益处和有效的实践方法。其二，帮学生将他们的成功归结于内因，比如努力和学习。学生可以通过内在动力获得成长，从长远来看，这种动力更为可靠也更具有生命力。

参考文献：Yan, V. X., Thai, K. P., & Bjork, R. A. (2014). Habits and beliefs that guide self-regulated learning: Do they vary with mindset? *Journal of Applied Research in Memory and Cognition*, 3(3), 140–152.

89 • 认知负荷

研究概况

认知负荷理论展示了工作记忆是如何受到限制的。一旦超载，信息从工作记忆到长时记忆的迁移就会受到阻碍，这对学生学习的内容数量会有影响。

被迫要从两个及以上的来源接收信息会给工作记忆压上沉重的负担，因为注意力会被分摊得过于稀薄。我们称之为“注意力分散效应”（split-attention effect）。为了挖掘其原理，研究者进行了测试。测试内容是观察拿到了“集成”图表（信息被植入图表本身的内容中）的学生是否会比拿到了“常规”图表（信息被置于图表之外的地方）的学生表现得更好。

主要研究结果

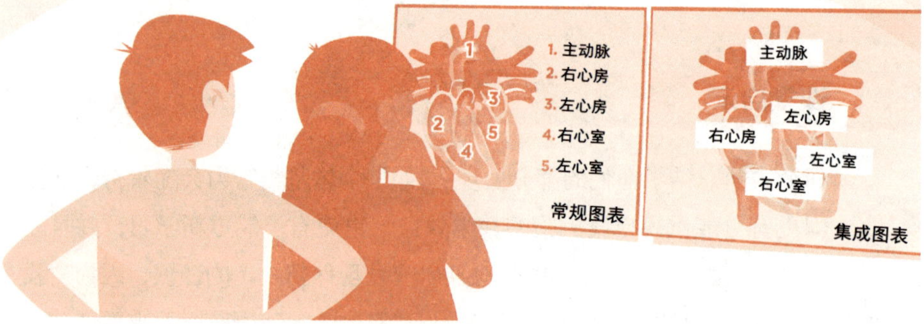

1. 相比那些必须要在文字说明和常规图表之间交替的学生，另一些学生拿到植入了信息的集成图表。后者处理信息花费的时间更少。

2. 拿到了集成图表的学生在后续测验中表现得更好，平均获得了高出22%的分数。

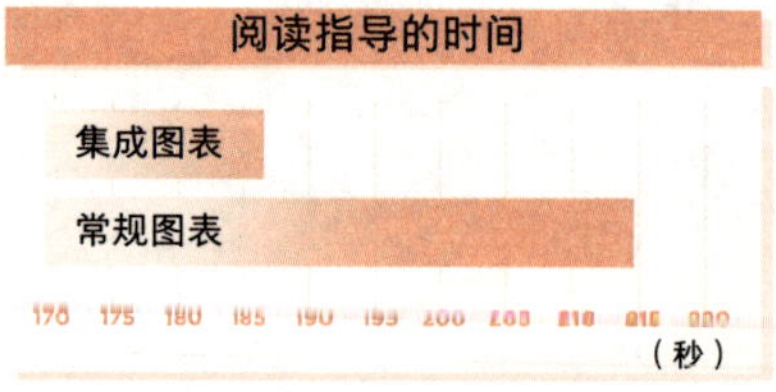

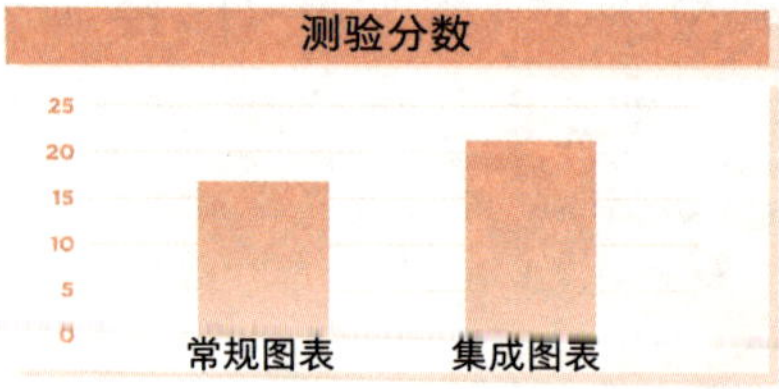

相关研究

这是有助于我们理解认知负荷理论的开创性研究之一，它基于心理学上对工作记忆的一项标志性研究。该研究发现，当屏幕上依次出现一串数字时，参与者能准确地回忆起数字的个数在5个至9个之间。

眼下的这项研究向我们展示了学生同时在两个信息来源之间分割注意力是如何导致认知超载的（见本书第41项研究）。这就是所谓的“注意力分散效应”，它是构成认知负荷理论的一个部分。还有一部分我们称之为“冗余效应”，指在学生学习某样东西时如果得到无关的信息，就会妨碍他们的工作记忆。这意味着学生记住了错误的，而不是你希望他们记住的信息。研究表明，在众多方法中，减少演示文稿的动画效果（见本书第78项研究）、简化教室多余的装饰（见本书第93项研究）以及不在复习的时候听歌（见本书第17项研究），可以避免出现“冗余效应”。

课堂启示

如果学生从两个及以上来源接收信息，其工作记忆就会受到严重影响。当精力和资源需要于同一时间在信息来源之间不停地切换，并竭尽所能地处理多个任务时，学生最后真正记住的内容也就不多了。这就是集成图表比常规图表更有优势的原因。

如果教师正在介绍复杂的内容（即学生从未接触过的信息），那么学生越是需要分散注意力，就越有可能发生认知超载。但如果教学内容本身并不难理解或者学生已经有过多次接触，教师就可以逐步增加内容的复杂性。

认知负荷理论并非没有受到过挑战。众所周知，在现实中评估和量化认知负荷极为困难（也许没有可能）。在一个由30名学生组成的班级中，每个人都有自己的最佳负荷，因此我们很难找到合适的平衡点。另外有一点值得注意，认知负荷理论是要优化负荷，未必要降低负荷。通过“金发姑娘效应”能够很好地解释这一点——要恰到好处。过高的认知负荷意味着信息的丢失，太低的认知负荷则会导致学生学到的内容过少。

参考文献：Chandler, P., & Sweller, J. (1992). The split-attention effect as a factor in the design of instruction. *British Journal of Educational Psychology*, 62(2), 233–246.

90 • 是否应该使用电子设备

研究概况

学生的成长正伴随着越来越多电子设备的出现，包括手机、电视、电脑和平板供他们选择和使用。这是许多教师和家长担忧的情况。

对于学生泡在屏幕前的代价，有什么科学的证据吗？很难讲究竟多少屏幕使用时间才算得上太多，但近期一次对现存研究的综述展示了一些非常有趣的发现。

主要研究结果

1. 电子设备使用时间较长与以下两点有着强相关：
   - ◇ 肥胖的可能
   - ◇ 抑郁症状

2. 电子设备使用时间较长与以下三点有中等程度的相关：
   - ◇ 不那么健康的饮食
   - ◇ 高热量食物
   - ◇ 更低的生活质量

3. 电子设备使用时间较长与以下五点有弱相关：
   - ◇ 行为问题
   - ◇ 焦虑
   - ◇ 过度活跃且难以集中注意力
   - ◇ 更低的体质水平
   - ◇ 更差的睡眠

4. 研究者还发现，每天少量使用电子设备是无害的，并且可能还有一些好处。

相关研究

一项针对40000名2–17岁学生的调查研究发现，使用电子设备的时间和健康状况之间呈负相关。那些整日待在屏幕前（每天7小时以上）的学生往往缺乏好奇心、自制力和情绪稳定性。同一研究发现，即便是中等程度的使用（每天4小时），也和较差的心理健康联系在了一起。

以往关于青少年使用电子设备的时间的研究大多侧重于电视，电脑和手机则略受忽视。目前越来越多的研究开始关注起后者。例如有证据表明，学校禁用手机以后，学生的考试成绩会得到大幅提高（见本书第49项研究）。在某种程度上这可能是由于消减了手机对专注度产生的负面影响（见本书第30项研究）。更有研究提到，睡前两小时之内使用手机会对睡眠产生负面影响（见本书第40项研究）。

使用电子设备的时间与行为问题、焦虑、体质水平下降和睡眠之间存在弱相关，对于这一结果，研究人员强调："要注意这里说的证据关联较弱是指相关研究的文献数量尚不足够，而不是指它们之间真的只有微弱关联。"这表明在得到可靠的结论以前，我们还需要更大量的研究。

课堂启示

课堂内兴起的技术热潮存在一定的风险，我们对其影响的了解很可能不及对于它的运用。有些好处是显而易见的，比如信息获取和远程学习。但其缺点也同样存在，一项研究（见本书第72项研究）发现，习惯了电子笔记的学生在学以致用时的表现通常更差（尽管这一发现并非每次都能得到其他研究的证实）。

鉴于这项研究中提到的使用电子设备潜在的负面影响，一方面我们会告诉学生，长时间接触屏幕是有害的，另一方面却又鼓励他们要在课堂上多多运用技术，这些矛盾的说法着实令人不知所措。希望今后可以有更多的研究，指引我们在技术的钢索上稳步前行。

参考文献：Stiglic, N., & Viner, R. M. (2019). Effects of screentime on the health and well-being of children and adolescents: A systematic review of reviews. *BMJ Open*, 9(1), 1–15.

91 • 最佳试题

研究概况

低风险测验（对提取练习的一种实际应用）是改善学习和记忆最有效的途径之一。多选题测验就是这样一种用途的工具。但是，需要达成哪些条件才能设计出完美的多选题测验？是不是某些类型的问题、格式和答案要比别的更管用？

来自华盛顿大学的一项最近的研究评阅了所有该领域现有的研究，然后提出了一些简单、可操作性强并且非常有用的建议。

主要研究结果

1. 保持简单

复杂的问题/答案会让学生开始瞎猜，他们可能会"瞎猫碰到死耗子"。想要对学生知识掌握的情况有更加可靠的评估，就要保持简单的问答格式。

2. 以目标为导向

设计问题时，要让问题专注于你希望评估的特定知识点或是学生的思考过程。

3. 避免使用"以上都不是"

如果这是你设计的正确选项，那么就等于把其他错误的答案展示给学生看。他们很容易会把这些错误的答案混淆成正确答案并记住。同理，也要避免使用"以上全都是"作为选项。

4. 为问题提供三个可能的答案

这么做能够在给予足够难度的同时也保证了时间效率。

5. 以"适宜的难度"为目标

假如测验太难或者太过简单，那么学生就学不到多少东西。研究者声称，如果每个问题有三个选项的话，把正确率控制在75%左右是最理想的。

6. 提供反馈

研究者声称："反馈的有效性取决于学生有多大动力消化反馈。他们的动力很容易会随着时间而减弱。"因此，如果教师耽误了反馈，还可以采取措施，"通过提出要求或者推动激励，确保学生能够及时消化反馈"。

相关研究

这篇论文向我们展示了一个非常有趣的研究。作者指出，尽管早年的一些研究侧重于广义的测验（避免陷阱问题，舍去无关信息，使用简单词汇），但其中大部分的研究结果都直接适用于多项选择题（保持选项长度的一致性，保证答案位置的随机性）。

例如，其中一个展示出了光明前景的领域，是让学生给自己的答案分配信心等级，这有助于评估局部知识，也可能帮助学生发展元认知知识，从而揭露那些他们有待加深学习的地方。不过，要以什么方式来具体实行还有待总结研究。

课堂启示

无论是随堂练习还是家庭作业，学生从来都躲不开大量的小测验。科学合理的多项选择题对学习非常有用。因此，对任何一位多选题测验的设计者来说，这篇论文都有着极大的意义。

一个问题理想的选项数目是三个左右，这是个很棒的发现。这么做还有一个额外的好处，就是能节省教师设计问卷的时间。要知道，教师的时间是学校最宝贵的资源之一。为此，一切有助于学生学习同时又能减轻教师负担的策略都值得我们欢迎。

提取练习这一策略的关键，是要确保学生是在无压力或者“低风险”的环境中完成的。过度的压力会妨碍记忆（见本书第76项研究），这意味着如果测验引起的压力或焦虑过大，就可能在某种程度上抹杀其带来的收益。有这么一种缓解压力的办法，是向学生强调测验的目的是帮助和加速学习，而不是用于评判或测量。

参考文献：Butler, A. C. (2018). Multiple-choice testing in education: Are the best practices for assessment also good for learning? *Journal of Applied Research in Memory and Cognition*, 7(3), 323–331.

92 • 家长和睡眠

研究概况

数十年来的研究发现，规律而良好的夜间睡眠与改善成绩、注意力、记忆力，以及情绪、健康和生活有关，所以我们不应低估其重要性。尽管如此，仍然有大量学生远远达不到推荐的夜间睡眠时长。对于教育工作者来说，这是个巨大的挑战，不仅仅是因为它会影响到学生的日常生活，也因为教师无力对此进行掌控。

因此，每个家长都应该关心孩子是否养成了良好的睡眠习惯。但是，对于孩子真实的睡眠时间，家长又有多准确的了解呢？为了深入了解这个问题，来自澳大利亚的研究者比较了两组数据。一组是300位青少年自我反馈的睡眠时长，另一组是他们的家长对子女的睡眠时长做出的估计。

主要研究结果

1. 在上学日：

◇ 子女实际就寝的时间要比家长以为的时间晚15–20分钟。

◇ 家长以为子女每晚睡了将近9个小时，实际情况更接近于8小时。

◇ 家长对子女每天早上醒来的时间了解得颇为准确。

2. 在周末：

◇ 子女实际就寝的时间要比家长以为的时间晚20–30分钟。

◇ 家长以为子女每晚睡了将近10个小时，实际情况却远低于这个数字。

◇ 子女实际醒来的时间比家长以为的时间要更早，有的甚至相差几乎一个小时。

3. 总体而言，相比于在上学日，学生在周末时就寝更晚，睡得更久，醒得也更晚。

相关研究

关于睡眠问题，还有一些研究揭露了学生常犯的几个错误。包括长时间使用手机等电子设备（见本书第40项研究）、没有固定的入睡时间段、白天小睡了太久、晚上喝高能饮料以及翻来覆去地想着明天的安排。怎样才能鼓励学生获取更充足的睡眠？考虑到睡眠问题的重要性（见本书第29项研究），我们理应对此进行探究。

近期的一项研究也许指出了一条明路。研究者鼓励较为年长的学生在考试期间获得更充足的睡眠，并调查他们能否做到；假如可以做到的话，能否提高成绩。研究人员用加分来奖励做到了每晚8小时以上规律睡眠的学生（需要注意的是，对于年龄尚小的青少年来说，8小时仍然低于推荐的睡眠时长）。调查结果发现，在选择参加8小时睡眠奖励计划的学生中，有71%达到了所需的睡眠时长，并且这些人比未参加该计划的学生考了更高的分数（即便减掉奖励分再比较结果也是一样的）。

课堂启示

研究人员指出："由于存在大量生物心理社会学因素诱使青少年更晚入睡，再加上他们喜欢在就寝时间使用电脑、手机和音乐播放器，父母可能会无从判断孩子真实的睡眠时间。"这很重要，因为该研究的证据显示，"青少年的睡眠时间可能远远少于父母的估计"，但是，"如果父母对子女睡眠不足的事实毫不知情，就未必会采取行动"。

睡眠是如此重要，我们需要对家长和学生双方共同进行教导，使他们了解睡眠的益处，以及如何避免常见的错误，如何自主培养更合理、更有益的夜间作息时间。面对学生，我们可以在辅导时间采用简报和讨论的形式；面对家长，简报和家长会将是更可行的方法。

参考文献：Short, M. A., Gradisar, M., Lack, L. C., Wright, H. R., & Chatburn, A. (2013). Estimating adolescent sleep patterns: Parent reports versus adolescent self-report surveys, sleep diaries, and actigraphy. *Nature and Science of Sleep*, 5, 23–26.

93 • 教室装饰

研究概况

教室的陈设是许多学校的常见特色之一，陈设往往包括教室纪律、小贴士、学习方法以及优秀作业的展示，它们都有助于提升学生的情感和动机水平。但是这其中是否也会有值得我们斟酌的代价呢？

为了找到答案，来自卡内基梅隆大学的学者进行了一项对比研究，实验对象是小学年龄段的学生。一些学生在布置精美装饰的教室里上课，另一些则在未经任何装饰的教室上课。学生走神了多久？是什么最让他们分心？在两周时间内这些学生学到了多少东西？研究者记录并评估了这些问题的答案。

主要研究结果

1. 在布置精美装饰的教室里上课的学生更容易被周围环境分散注意力，他们的分心时间占到了一节课的20.56%。而在未经装饰的教室，这个数字只有3.21%。

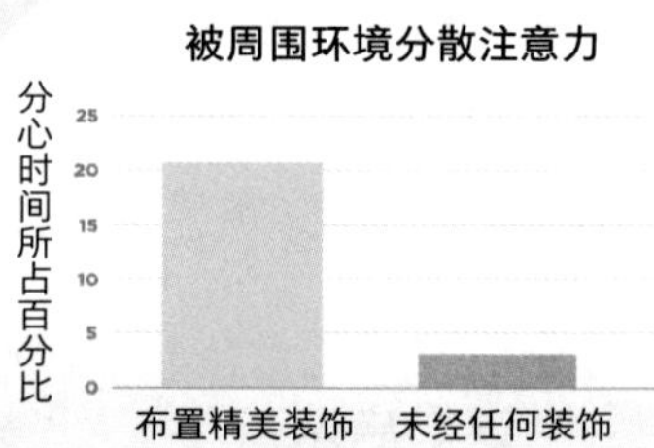

2. 在未经装饰的教室里上课的学生更有可能因为自发的原因分心，或者是因为同伴而分心。但总的来说，他们分散注意力的可能性较小，因为教室内的装饰才是最主要的影响因素。

3. 在布置精美装饰的教室里上课的学生更容易开小差（38.5%的时间），而在未经装饰的教室这个数字只有28.42%。

4. 根据期末考试的结果，相比在未经装饰的教室里上课的学生，在布置精美装饰的教室上课的学生学习的收获更少。

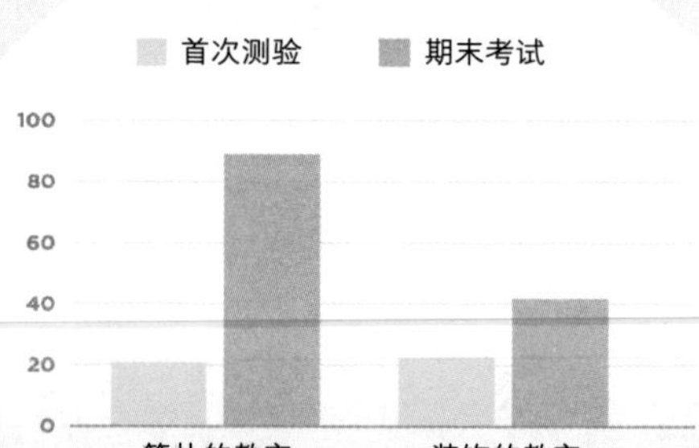

相关研究

这是一项比较新的研究，也是教育心理学有待深入的领域，所以相关资料并不多。事实上，即便是这项颇具开创性的研究，也只采用了由年幼的学生构成的小样本。其他那些有关注意力的集中方向和强度的研究，更多地关注学生本身，而非关注周围环境。从这些过往研究中（见本书第48项研究）我们得知，对学生来说，有许多课堂时间是在开小差或者做白日梦里度过的。

视觉显示容易让学生分心，一个可能的原因是由于工作记忆的局限。研究人员称，这在年幼的孩子身上更为明显。视觉显示会争夺他们的注意力，造成认知超载（见本书第89项研究），进而妨碍工作记忆，于是把相关信息从工作记忆转化为长时记忆就会变得更加困难。

课堂启示

这项研究的作者指出：学生的年龄与典型的教室设计之间的关系有点像是一个悖论。年幼的学习者常被置于充满了潜在干扰源的学习环境之中（例如，丰富多彩的教学材料以及其他视觉展示）。幼儿园和小学的学生总是在同一间教室里上不同的课，这一现状也让问题变得更为复杂（他们没有每个科目专用的教室，这在初高中也很常见）。因此，学生会接触到大量与眼下教学无关的视觉材料。

这并不是说教室的装饰和刺激就只会帮倒忙，但它们的摆放需要经过深思熟虑并且要布置得有针对性。研究者指出，他们不主张通过移除所有的装饰物、图画或是展品来净化儿童的学习环境。相反，一切都是为了找到一个平衡点，使教室装饰成为有用的教具而非潜在的干扰源。这包括要告诉教师，哪张海报会对某个特定的教学任务有所帮助，或者告诉他们，只装饰后墙就足够了。

参考文献：Fisher, A. V., Godwin, K. E., & Seltman, H. (2014). Visual environment, attention allocation, and learning in young children: When too much of a good thing may be bad. *Psychological Science*, 25(7), 1362–1370.

94 · 暑假学习大滑坡

研究概况

暑假的出现可以一直追溯到中世纪。一方面是那时候会有很多节日，另一方面是受农耕文化影响，每到夏天有许多家庭就会要求孩子去田间劳作。暑假在现如今会对学生的学习产生什么样的影响呢？这些影响是否对每个学生和学科"一视同仁"呢？20多年前的这项开创性研究，详尽地评阅了该领域的相关文献，直至今日仍值得我们品读。

主要研究结果

1. 暑假的影响：

◇ 在暑假期间，学生平均会倒退约一个月的学习进度。

◇ 学生的数学技能受到暑假滑坡的影响最大。阅读能力虽然也会有所退步，但幅度要小一些。

2. 暑假滑坡影响了哪些人？

◇ 证据表明，来自中产家庭的学生不像来自低收入家庭的学生受到的影响那么大。

◇ 暑假滑坡不受学生的种族或性别影响。

3. 为什么暑假滑坡会出现差异？

◇ 学生在暑假期间所接触的活动有一定的范围（例如，练阅读的机会一般会比练数学的机会更多）。

◇ 不同类型的知识随时间退化的方式是有区别的，事实类知识和程序性知识要比概念性知识更加容易被遗忘。

相关研究

海量的证据表明，旷课会让教育成效大打折扣。这么一来，“暑假滑坡现象”就说得通了。最近有研究发现，学生每错过一天的学校学习，就有可能减少其在普通中等教育证书（GCSE）中获得五个或以上的A–C的机会。因此，连续停课六周能造成如此大的损失也就不足为奇了。

另外，也有研究深入探讨了哪类学生最受暑假的影响。研究者发现是那些社会经济背景更差的学生。这佐证了上文的研究结果。与直觉相反，一些证据表明在某个方面出类拔萃的学生也有可能会深受影响。

自从这项里程碑式的研究结果出炉以来，后续的研究都集中于干预措施，以求遏制暑假的学习倒退。其中两个被看好的领域——“暑假学校”和“亲子阅读计划”，都与学生和家长的共同参与息息相关。

课堂启示

学校怎样才能帮助学生最大限度地减少暑假学习大滑坡造成的损失？这项研究注意到，它对不同的学科造成的影响也不一样。研究者指出，“我们发现学科之间的差异也会影响暑假滑坡的程度，这可能是因为在暑假期间，接触不同学科的实践机会也不一样（比如练阅读比练数学更容易）”。因此，研究者建议要为学生布置专门的数学作业，并为父母提供支持以便他们能够帮助孩子。

令人担忧的是，这项研究发现，“学生暑假实践和学习机会的多少也可能与家庭收入差异有关（中产阶层家庭的学生有更多接触书籍和阅读的机会）”。当然，个体差异是存在的，不能一概而论。但是，针对困难或弱势的学生，任何来自学校的额外支持，应该都有助于减小暑假对于他们整体学习的负面影响。

参考文献：Cooper, H., Nye, B., Charlton, K., Lindsay, J., & Greathouse, S. (1996). The effects of summer vacation on achievement test scores: A narrative and meta-analytic review. *Review of Educational Research*, 66(3), 227–268.

95 • 及时更新任务进度

研究概况

学生必须要全力以赴地学习，这样才能够如期完成课程作业，并且在考试中拿到满意的成绩。令人纠结的地方在于，任务的终点总是看似虚无缥缈、远在天边。那么，假如学生能够对任务的完成进度了如指掌，能否帮助他们在整个过程中拿出更好的表现呢？出人意料的是，此前还没有多少有关这方面的研究。

为了填补该领域的空白，特拉维夫大学的学者最近进行了一项研究。在两个实验中，他们要求学生完成一个复杂、枯燥而且全新的学习任务。学生被分为两组，其中一组将会及时收到更新，获知任务还剩下多少，另一组则不会收到该信息。

主要研究结果

研究者发现，如果学生对任务剩余的工作量了然于心，那么相比那些不知情的同学，他们：

1. 学得更快，故而任务完成得更快，表现得也更好。

2. 在整个任务过程中的疲倦感更少。

3. 在完成任务的过程中花了更短的时间用于休息——研究者认为这是因为“意识到时间紧迫能够激发更大的动力”。这种现象在任务临近尾声时最为明显，相比能够清醒认识到所剩时间的学生，对于期限没有概念的学生耗费了多达两倍的休息时间。

相关研究

以往的研究发现，截止日期的存在给了学生一个可以朝之努力的目标，他们的效率和表现也会因此而提高（见本书第56项研究），尽管如此，许多学生依旧喜欢拖延。本研究对学生完成任务的努力程度，以及他们在此过程中学习的有效程度的研究，在肯定了过去的研究结果的同时，为其增添了一个新的维度。

学生容易低估完成任务所需的时间，这是造成拖延现象的部分原因（见本书第3项研究）。向他们反馈任务的剩余时间可以起到帮助。研究表明，一旦得知时间紧迫，我们就会趋向于加快自己的行为。正如该研究的作者所指出的那样，已经有研究发现“越是快要能够集满点数卡获得免费咖啡，消费者购买咖啡的频率也就越高”，以及“跑步的人在临近终点时更愿意提高速度”。

研究中提到，如果学生知道任务的剩余时间，他们就会表现得更好。这其中的另一个潜在原因是，这么做等于拨开了不确定性的迷雾，解放了学生，使得他们能更专注于手头的任务。其他研究发现，不确定性和压力之间存在很强的联系（见本书第60项研究）。提供任务进度的提示似乎可以给任务带来更多的透明度，起到提升动力、改善情绪的作用。

课堂启示

教师可以非常简单有效地运用这项研究发现。作者建议：通过将终点的距离信息提供给个人这一简单的步骤，可以抵消由于厌烦甚至懈怠所造成的影响。具体到应用场景时（例如教室、工作单位），不妨提示学生还剩多少问题有待解决，或是告知员工还有多久就能换班，这对他们的表现、情绪和健康都是有益的。

参考文献：Katzir, M., Emanuel, A., & Liberman, N. (2020). Cognitive performance is enhanced if one knows when the task will end. *Cognition*, 197, 104189.

96 • 交错法和辨别学习

研究概况

学生经常会需要学习一些貌同实异的概念，比如“转录、转导、转化、转译”这四个在拼写和含义上都相当接近的生物学术语，并常常会对此无所适从。我们把学会辨别貌同实异的概念称为“辨别学习”（discrimination learning）。

“交错法”（interleaving）被证明是一种能够改善学习和记忆的方法。它要求打乱内容主题的学习顺序，这样做是为了帮助学生建立起这些主题之间的联系，以及帮助他们选择用于解决不同问题的最佳策略。“交错法”的对立面是“板块法”（blocking），指每次只专门针对一个主题进行学习。那么，交错法能否帮助学生更好地辨别他们学习的相似概念呢？研究人员评阅了现存的文献以求找到答案。

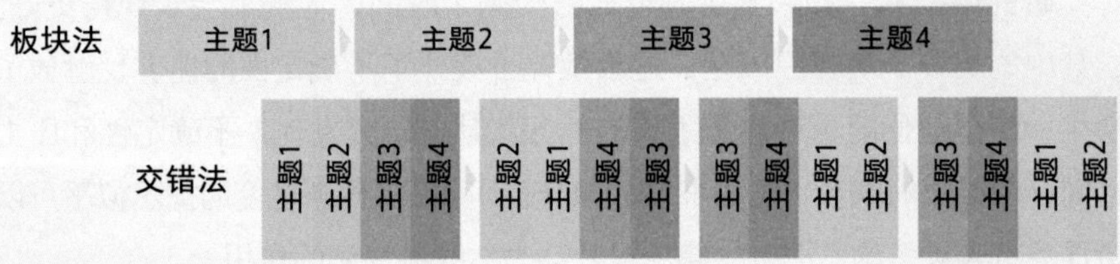

主要研究结果

交错法能够：

1. 帮助学生改善他们的辨别学习能力。这是由于使用板块式练习的学生不需要为任务选定合适的策略，因为其中的每个问题他们都可以凭借相同的策略来解决。

2. 帮助学生在期末考试中表现得更好。

3. 为一系列学科发挥作用——尤其是数学、美术和体育。

4. 有益于从小学到大学各个年龄段的学生。

相关研究

研究表明，交错式练习对于改善学习非常有效（见本书第1项研究）。本研究有助于阐明其中涉及的原理。交错法最大的优点在于其效果是长期的，其他研究也印证了这一点。尤其是有一项研究发现，如果在学生接触了学习材料的一个月后对他们进行突击测验，那些使用了交错法学习的学生得分几乎是板块学习组的两倍。

交错法的应用并不局限于学业，它在体育以及其他领域也同样能起到积极效果。研究表明，当体育课的学生需要学习三种不同类型的羽毛球发球方式时，以随机顺序练习发球的交错学习组的学生，在不久之后就会比板块学习组的学生表现得更好。

课堂启示

交错法对学生有益的原因有许多，这也解释了为什么它在教育界广受欢迎。但是，如同所有令人兴奋的新生概念一样，人们也会对它产生误解。其中一个误解是把交错法和间隔法当成一回事（见本书第4项研究）。间隔重复理论认为，在分散的时间内间歇性、经常性地重拾学习内容，要比花费大块的时间啃一块“硬骨头”更加有效，其侧重点在于时间的间隔。而交错法讲的则是打乱学习内容的顺序。

另一个对于交错法的误解，是认为交错的对象既可以是学科科目，也可以是内容主题。交错法会奏效，是因为它可以帮助学生在相互关联的概念之间建立联系，也因为它能帮助学生更加专注地选择合适的学习策略，并且往往这两者都在起作用。这意味着交错学习几个不相关的科目可能毫无意义。

最后需要澄清的一点是，交错法的优势是打“持久战”而不是“闪电战”。研究发现（见本书第15项研究），在一天的学习结束后对当天所学的内容进行测验，结果会是那些进行了板块式学习的学生脱颖而出。然而若是一周后再次测验，坚持交错式学习的学生就会后来居上。所以，考虑好怎样合理地运用交错法安排课程，将会使学生受益无穷。

参考文献：Rohrer, D. (2012). Interleaving helps students distinguish among similar concepts. *Educational Psychology Review*, 24(3), 355–367.

97 • 教师的反馈

研究概况

在恰当的时间用正确的方式给予反馈能改变学生、促进学习。尽管我们清楚其重要性，也知道教师为此没少花时间，但直到不久前，我们对这些反馈实际的传递方式仍然知之甚少。

研究人员探索了有关教师给予反馈的时间、方式和原因。他们为教师设计了一个情境，后者被要求评定自己在这个假想的情境下作出各种反馈的可能性。这种反馈基于学生在任务中的成败、任务本身的难度和教师自身的心态作出。

主要研究结果

1. 教师何时给予反馈

◇ 相比任务失败的学生，教师更有可能对成功完成任务的学生给予反馈。

◇ 当学生正在执行尤为困难的任务时，教师更有可能给予反馈。

2. 不同的反馈种类

◇ 如果学生任务成功，教师更有可能使用“特质型反馈”（比如，“你真聪明”）和“方法型反馈”（比如，用于解决该问题的策略）的组合式反馈。

◇ 如果学生任务失败，教师更有可能使用方法型反馈，告诉学生下回他们可以如何更好地完成任务。

3. 教师心态和反馈

◇ 如果学生任务成功，拥有固定型思维模式的教师更有可能给予特质型和方法型结合的组合式反馈。如果学生任务失败，则教师的思维模式不会影响反馈的类型。

相关研究

以往的研究证实了教师评语对学生的强大影响（见本书第64项研究），本研究建立在这个结论的基础上。证据表明，教师的反馈对学生的学习、情绪和满意度有着举足轻重的影响。然而“能力越大，责任越大”。证据也表明，如果反馈被滥用，它就会变得弊大于利（见本书第25项研究）。研究发现，如果学生的任务失败，那么教师会更多地使用“方法型反馈”。相关领域最大型的评阅之一曾指出，该类型的反馈常常会激发学生更深度的学习。

从这项研究中我们看到，只有在学生成功完成了任务时，教师的思维模式才会影响反馈类型。这一发现肯定了现存的研究结果，更拓展了我们对教师思维模式的认识。现在我们了解到，它能以多种方式以及以微妙的方式影响学生的想法和感受。早年的研究显示（见本书第7项研究），教师的思维模式会影响其对反馈方法的偏好：安慰导向的反馈（使人感觉良好），或策略导向的反馈（如何更出色地完成任务）。

课堂启示

失败往往也代表着一个潜在的学习良机。有趣的是，在这项研究中我们注意到，教师更有可能会在学生任务成功后给予反馈，而不是在他们失败以后。这被称为“施教时间”（teachable moment），可以说这是学生最需要反馈的时候。然而，关键是要尝试去找到平衡点，因为成功也是成功之母，它会激发学生产生更大的动力，获得进一步的成功。

除了“何时”，“何种”类型的反馈也值得深思熟虑。“特质型反馈”可能有助于在短期内帮学生建立自尊，但从长远来看，它很难像“方法型反馈”那样帮学生达到更高的学习水平。然而我们也要知道，尽管后者有着这样或那样的优点，但它同时也会占用教师更多的时间，耗费他们更多的精力“定制”个人反馈。所以，教师在做权衡时应当具体问题具体分析。

参考文献：Skipper, Y., & Douglas, K. (2015). The influence of teacher feedback on children’s perceptions of student-teacher relationships. *British Journal of Educational Psychology*, 85(3), 276–288.

98 • 峰终效应

研究概况

歌星们总是把金曲留到演出的结尾，发现了吗？因为他们希望留给你最美好的时光是在最后一刻。如此一来，当你离开时就会觉得整场演出都很精彩。这是峰终效应的一个例子，人们会记住，也更注重一段经历结束时的体验，而非整体的感受。

这个心理学怪象于20世纪90年代早期，由先锋心理学家丹尼尔·卡尼曼和他的同事首次提出。研究人员让参与者体验了两次不愉快的经历。第一次，每个人都要将手放置在14摄氏度的水里整整一分钟。第二次，同样一批人仍旧要将手置于14摄氏度的水里一分钟，只不过随即还要再放入15摄氏度的水里保持30秒。两次体验结束后，参与者需要选择自己愿意重复其中哪一次的经历。他们会选择60秒的煎熬，还是选择60秒的煎熬紧接30秒的轻微不适？

主要研究结果

1. 69%的参与者选择重复第二次，也就是时间更久的那次实验。研究人员指出："如果实验对象的选择标准是让疼痛的持续时间最小化，他们作出这种选择的比例将会是零。"之后追加的实验表明，该选择结果不因两次实验的顺序和是否使用的是惯用手而改变。

2. 那些在第二次实验中，觉得15摄氏度的水远没有14摄氏度的水那么让人难受的参与者，选择重复第二次实验的可能性要大得多。

3. 大多数实验对象表示，第二次实验带来的整体不适更少，更容易应付，最冷的时候也没有第一次那么冷。但其实正如研究者所认为的，"第二次实验囊括了第一次实验中所有的疼痛，并且还有所增加。这些事后的选择判断完全就是错误的"。这说明，参与者选择了重复这个在他们记忆中最为容易的实验，哪怕事实情况并非如此。原因就在于他们太过重视实验的最后30秒时间。

相关研究

这项影响后世的研究动摇了心理学家（以及经济学家和包括教师在内的许多其他专业人士）看待人类行为的方式，因为峰终效应显然深刻影响着我们的决策模式。通过在“高潮”中结束实验——严格来说是在疼痛的“低潮”中结束，人们对于事件的记忆改变了。这证实了一点：人们对于时间和自身经历都有着主观的认识（见本书第27项研究）。此后接连被发现的其他认知偏差还包括“锚定效应”（起始的数量、信息，即锚点，易支配人的决策）和“框架效应”（人们的选择会因为选项以积极或消极的不同方式呈现而改变）。

一项针对锚定效应的实验要求人们估计1×2×3×4×5×6×7×8的计算结果（人们猜测的平均值为512），而这比让人们估计8×7×6×5×4×3×2×1的结果时所得出的数字（平均值为2250）要低得多。这是因为后一个版本的起始数字更大，它在参与者的脑海中根深蒂固，形成了所谓的“锚点”。

一项针对框架效应的实验则要求人们在90%的存活率和10%的死亡率中作出选择。这是一个假想的医学决策，尽管这两个概率本质上是一样的，只是换了张皮，但看上去一大一小的数字最终造就了不同的选择。无独有偶，在一项由学生参与的实验中研究者发现，一旦强调错过了课程的注册时间就要缴纳罚金，有93%的学生会提前注册课程；但是当告诉他们提前注册可以获得折扣时，只有63%的人选择了这么做。

课堂启示

峰终效应告诉教师，下课前的那段时间会影响整堂课给学生的印象。这条启发对于激发学生动力（见本书第26项研究）、应对走神的时间（见本书第48项研究），以及提高学生记住关键知识点的可能性（见本书第66项研究）都很有用。如同在演唱会的尾声，乐队演奏的曲子都是他们最脍炙人口的作品一样，教师也可以把自己的得意“乐章”放在最后，从而帮助学生积极建立起与课堂、老师和学科的联系。

参考文献：Kahneman, D., Fredrickson, B. L., Schreiber, C. A., & Redelmeier, D. A. (1993). When more pain is preferred to less: Adding a better end. *Psychological Science*, 4(6), 401–405.

99 • 失败的价值

研究概况

这篇论文的研究人员巧妙地引用了诺贝尔奖得主罗伯特·莱夫科维茨的话作为开场:“科学就是99%的失败，这已经算是乐观的看法了。”失败也许在所难免，那么它是否也是不可或缺的呢?

为了验证这个观点，来自中国和美国的大学的研究人员，追踪了正处在职业生涯早期的科学家申请国家拨款的情况。他们比较了那些只差一点就能获准拨款的科学家（此处统称为“差一点”）和那些刚好跨过了门槛要求的科学家（此处统称为“刚刚好”）。

主要研究结果

1. 那些在职业生涯早期就经历了“差一点”的科学家中，有10%的人备受打击，导致他们不再申请科研经费。

2. 那些在职业生涯早期经历了“差一点”和“刚刚好”的科学家，他们在接下来的十年内发表的论文数基本相同。

3. 当研究者观察谁在随后的五年内发表了“牛”文时（定义为引用次数位居前5%的论文），他们发现“差一点”的科学家发表了“牛”文的可能性要比“刚刚好”的科学家高20%以上。

4. 研究人员还发现，“差一点”的科学家的研究成果更有可能被其他科学家引用，也更有可能被翻译成其他语言。研究者称，这样的结果表明，尼采的那句名言“那些杀不死你的，终将使你更强大”说不定真的是对的。

相关研究

对于科学家来说，也许早年的失败不过是真理之路沿途的一场春雨，科学的种子因此而萌芽。有趣的是，过往的研究指出（见本书第74项研究），学生会因为科学家在生涯的某个阶段碰过壁而对他们的故事更有共鸣，其理科成绩也会因此而提高（对之前在学业上颇为挣扎的学生尤其如此）。其中一种可能的解释是，学生会意识到失败并非无药可救。这种意识可能会激发他们的成长型思维模式，而这种思维模式又能使他们更具韧性，更加自尊，也更能享受学业任务本身带来的乐趣（见本书第5项、第68项研究）。

对于成功和失败会带来的影响，以往的研究得出了大量结论。其中一些提出了“马太效应”（富人更富，强者愈强）。人们发现，早期的成功为认可、信心、动力和资源带来的提升就仿佛如同燃料，能够给未来的成功“加油”。另外，也有研究展示了失败可能带来的一些潜在好处，包括可以从经验教训中获得成长，激发更强的动力，培养更坚韧的品质，以及变得更富有同情心。

课堂启示

研究人员明确地警告，不论早期的失败对一个人未来成功的可能性能够产生多么大的影响，“都不应该刻意去给后辈科学家设置障碍，因为要想变得更强大，就不能提前死在摇篮里”。讲到底，失败是一把“双刃剑”——它有利有弊，所以没必要人为量产。

研究者还补充说，真正处在困境中的人才应该放宽心，因为“只要他们锲而不舍，就没有必要把早期的失败当成一个负面信号”——倒不如说应该反过来，像山中伸弥发现了诱导多能干细胞（iPS cells）而获得诺贝尔奖后对年轻科学家所建议的那样：“我可以将任何失败视作一次机会。”

参考文献：Wang, Y., Jones, B. F., & Wang, D. (2019). Early-career setback and future career impact. *Nature Communications*, 10(1), 1–10.

若干建议

改善记忆的建议

如果你真的想坚持学习，能做些什么呢？有证据表明，以下策略能为你带来最好的回报：

- **提取练习**——这可以是任何迫使学生想出答案的活动。
- **间隔学习**——每次少学一点，经常学习比一次性学很多要好。
- **交错学习**——改变学生在一个主题内回答的问题的类型。
- **预设问题**——在教学之前先问一些关于学习材料的问题。
- **精细探询**——让学生问“为什么会这样？”或“为什么对X是这样而对Y不是？”
- **双重编码**——图片与文字相结合，利用双重编码和生产效应，减少认知过载的机会。
- **避免分心**——鼓励学生在学习新的或复杂的材料时不要听音乐，特别是那些有歌词的音乐。这真的没有用。
- **多思考善记忆**——画重点和简单地重读笔记效果不太好，不会带来深度、持久的学习。
- **当小老师**——这可以帮助学生更深入地学习材料、组织知识。

改善心态、动机和心理弹性的建议

为了鼓励学生学习心态，促进高水平的努力和坚持：

◇ **帮助学生相信自己可以提高和变得更好。**

可以通过关注以下方面来实现：

· 付诸努力和掌握学习方法，而不是看重天生的能力

· 过程和结果一样重要

· 把错误看作反馈和学习的机会

◇ **树立目标意识**——帮助学生将当前活动与实现未来目标联系起来。

◇ **解释失败**——鼓励学生不要总是把失败的原因内化，这会降低韧性。

◇ **解释成功**——促使学生反思自己的成功。如果将成功归因于外部因素或运气，这将削弱学生的动力和信心。

◇ **寻求支持**——鼓励学生利用现有的支持。帮助学生认识到寻求帮助是力量的标志，而不是软弱的标志。

◇ **控制可控因素**——提醒学生关注什么是重要的，什么是自己能控制的。

◇ **挑战和支持**——环境必须同时具备培养韧性的挑战与支持。

◇ **坦然面对失败**——有利于振作起来，迎头再战和坚持不懈。

改善自我调节和元认知的建议

具有高度的自我意识与选择有用的思维过程和策略的能力是学习的基石。可以通过以下方式使其作用最大化：

◇ **充足的睡眠**——青少年比成年人需要更多的睡眠，最好是8–10小时。

◇ **控制内在描述**——学生如何自我谈话将影响其思维、情感和行为。

◇ **管好手机**——没有手机的学生注意力更集中、学习效率更高。

◇ **提高自我反思**——鼓励学生问自己：

· 哪些资源可以帮助我学习？

- 为什么这些资源是有用的?
- 我将如何使用这些资源?

◇ **延迟满足**——有时为了长远的成功，在短期内吃点苦是更好的选择。

◇ **分心**——学生在周一和周五更容易分心；教师可以据此调整策略。

◇ **不要说“不要”**——学生最好关注自己想要什么，而不是不想要什么。

◇ **并非所有的压力都是不好的**——压力通常是由不确定性造成的，但不是所有的压力都有害。如果学生专注于压力带来的帮助，就会提高成绩。

◇ **培养元认知能力**——在整个课程学习中进行指导，而不是零敲碎打地训练。

给学生的建议

行动胜于雄辩。如果不把良好的意愿转化为积极的行为，意愿也将失去意义。以下是一些学生可以立即开始实施的简单的策略，有助于更好地学习：

◇ **吃早餐**——这是改善情绪、提高记忆力和学习成绩最简单的方法之一。

◇ **在课堂上记笔记**——为了有效地做到这一点：

- 用纸和笔代替电子设备
- 不要逐字逐句地记录，要用自己的话来概括
- 在每部分或主题末尾记笔记

◇ **要有远大的抱负和期望**——挑战自我。

◇ **慎重选择学习伙伴**——努力是会传染的。

◇ **睡觉前几个小时关掉手机**——这有助于更好地睡眠。

◇ **不要花太多时间幻想完美的未来**——这会分散你的注意力，导致拖延。如果你想象未来的事情，要想象当下的行动会带来真正的成功。

◇ **控制好看屏幕的时间**——沉迷于看屏幕将削弱你的思考和情感。

改善教师态度、期望和行为的建议

教师在学生学习过程中起着至关重要的作用。有证据表明，以下课堂实践将促进更深层次的学习、加快学生的发展：

◇ **对所有学生都有高期望**——每个学生都能提高和发展自己的能力。

◇ **关注策略**——当学生成绩不好时，关注策略，让学生对自己的感觉更好。

◇ **不要以受欢迎为目标**——老师的受欢迎程度与学生从老师那里学到了多少无关。要专注于建立信任。

◇ **合理反馈**——反馈是一把“双刃剑”。有些反馈弊大于利。具体地说：

·通常，评价学生能力水平的反馈不如关注学生下次如何更好地完成任务的反馈有效。

·旨在提高动机的反馈可以让学生变得更加努力，但如果学生依赖于这种反馈，那么当反馈消失时，其表现就会受到影响。

◇ **合理布置家庭作业**——当学生每晚做作业超过90分钟时，作业几乎不会带来什么益处。

◇ **仔细选择教室装饰**——过多的装饰可能会阻碍学习。

◇ **培养专业技能**——可以向同事寻求帮助和建议。

给家长的建议

父母都希望孩子得到最好的教育。以下几条为孩子的学习和发展提供了坚实的基础：

◇ **对孩子有很高的学业期望**——期望太低难以发展。研究表明，这是父母能够帮助孩子提高学业成绩所做的最重要的事情。

◇ **和孩子一起阅读**——从小就经常进行亲子阅读。

◇ **对失败和错误做出良好的反应**——花时间讨论失败和错误是一种学习。这样孩子将更有可能形成成长型思维模式。

◇ **不要过度赞扬**——过度赞扬传达了较低的期望，会导致孩子与他人相比时，形成自恋行为。

◇ **当你表扬时，关注孩子的过程和行为**——不要只盯着结果或天生的能力。

◇ **经常和孩子一起吃饭**——这为讨论学校生活提供了宝贵的时间。

◇ **对孩子如何分配作业时间和闲暇时间有清晰的结构和规则**——花时间解释这些规则背后的思维过程也会有所帮助。

◇ **参与其中**——家长参与与学生成绩、学生自我感知和师生关系呈正相关。

◇ **关心孩子的睡眠情况**——充足的睡眠对发展青少年的心智非常重要。

克服思维偏差的建议

我们都没有自己想象的那么有理性和逻辑性。事实上，有很多思维偏见阻碍了学习，以下建议可以避免这些陷阱：

◇ **完成一项任务的时间比你想象的要多**——所以要做好计划，尽早开始。

◇ **不要依赖天赋**——我们很难预测未来需要什么样的才能。因此，不要总是沉迷于眼前的诱惑，试着想象未来的不同情景。

◇ **更好的自我意识**——我们更有可能批评过去的自己，而不是现在的自己。这是一种短期的自我保护机制，它会妨碍我们准确评估自己的能力和想法。

◇ **使用客观数据**——我们的能力越低，预测当前水平的准确性就越低。事实和数据是克服这一局限的好办法。

◇ **不要受到聚光灯效应的迷惑**——人们对你的关注比你想象的要少得多。

◇ **不要偏爱你自己的想法**——我们更喜欢自己的想法而不是别人的想法，这使得接受批评或知道何时改变变得更加困难。

◇ **不要总是随波逐流**——这会导致人们有时做出错误的决定，或做一些他们通常不会做的事情。

◇ **保持质疑**——不要相信关于大脑或学习方式的花哨解释。保持质疑，寻找证据。

◇ **知道任务还剩多长时间**——这可以提高学习动机，保持学习毅力和努力。

◇ **以积极的态度结束**——我们倾向于记住我们经历的最后一件事。

The Science Of Learning

当学习的科学遇到教学的艺术

了解科学是一回事，应用科学则是另外一回事。如何将本书中涵盖的科学研究转化为行动取决于你的学生、教学主题和教学环境。因此，为了应用这些研究，我们从每个类别中选择了一个主题，更详细地解释了实施的实际方法，以及实施过程中可能要克服的一些潜在的障碍和挑战。

我们从每个类别中选取的主题是：

◇ **记忆**：在课堂中运用提取练习。

◇ **心态、动机和心理弹性**：创造成长型文化。

◇ **自我调节和元认知**：发展独立的学习者。

◇ **学生行为**：管理手机（及其他电子产品）。

◇ **教师态度、期望和行为**：课堂管理。

◇ **家庭教育**：有助于学习的家庭环境。

◇ **思维偏见**：通过自我反省提高自我意识。

记忆：提取练习

研究证实，提取练习（要求学生找到问题的答案）是最有效的学习策略之一。这是因为要求学生去回忆以前学过的知识会增强记忆，有助于信息保持并嵌入学生的长期记忆中。

因此，提取练习值得进一步的关注和讨论。具体来说，就是教师实施提取练习的不同方式，以及在此过程中可能遇到的障碍。

研究应用

应用提取练习没有固定的方式。只要其核心是鼓励学生搜索和回忆已知的内容，形式可以是多种多样的。

因此，练习方式包括：

◇ **过去的答卷**——这些答卷有一个额外的优势，即以答案的形式提供反馈。

◇ **多选测试**——学生可以自己给测试打分，这为提取练习带来了优势，不会增加教师的工作量。

◇ **论文答案**——避免浅层学习，这有助于教师看到“引擎盖之下”的东西，确保学生不只是在重复事实。

◇ **口头问答**——这可以让我们快速检查学生的理解水平，同时也具有趣味性。

◇ **抽认卡**——一种流行的复习工具，一定要提醒学生花更多的时间回忆答案，而不是记下问题。

确保提取练习有效的主要挑战之一是不要把它变成一个“打对号”的练习。采取不同类型的问题和不同形式的提问方式都会有所帮助。提取练习也不应该与大量做题混为一谈，因为大量做题会给学生带来受到评判的恐惧和担心失败的影响。

最好把提取练习看作小测验，而不是考试。这意味着要以一种相对无压力的方式来练习，并且让学生专注于回忆其所知道的内容，而不是相对于同龄人的排名。

心态、动机和心理弹性：创造成长型文化

成长型思维模式、勇气、韧性……教育者和研究人员对此有很多称呼。虽然这三者之间有重要的区别，但在实际意义上，它们本质上都是同一件事。我们希望学生相信他们可以变得更好，并且在面对挫折时有坚持下去的动力。

为了帮助学生培养这种能力，教师最好把它更多地视为一种哲学，而不是一种干预手段。这不是一次大会或一份励志海报，更重要的是要创造一种卓越的文化，在这种文化中，我们设置适宜的环境，帮助学生努力学习，提高自己。那么，成长型文化是什么样的呢？

研究应用

成长型文化的核心是保持动力，帮助学生发展。这可以通过几种方式来实现。首先，鼓励学生与自己比较。许多学生会很自然地将自己与他人进行比较，以此来判断自己的位置。从短期来看，这可能会提高成绩；但从长期来看，这并不是一个非常有效的激励策略，而且会导致学生学习速度变慢和压力增大。

其次，需要有一个高期望值的环境，既包括我们认为学生能达到的目标，也包括学生自己认为可以实现的目标。一旦期望值降低，就会普遍出现借口和“指责”，最终阻碍学生的成长。

最后，还需要创造一种环境，让学生在庆祝成功的同时不满足于过去的成就，在从错误中吸取教训的同时也不沉湎其中。这感觉像是一条微妙的界限。当学生不可避免地无法保持平衡时，应该善待自己，继续前进。明天总是新的一天。

成长型文化有时会让人感觉很抽象，这也是发展成长型文化的一个潜在的挑战。我们很难去描述一种文化，也很难在整个学校达成一致。因此，一个好的开始是要有一套公认的价值观来支撑学校文化。有了这样的价值观作为基础，就更容易在教学过程中做出符合学校核心价值观的决策。

自我调节和元认知：发展独立的学习者

教育的目的之一是帮助我们的学生成为独立的学习者。随着他们在学校的成长，这一点可以说越来越重要。为了有效地做到这一点，学生需要能够管理自己的动机、想法和情绪。

"支架式教学"策略能帮助学生培养这一能力。支架式教学与建筑中使用的脚手架相类似，它需要教师在适当的地方提供支持，之后随着学生的进步逐步减少支持。

研究应用

其中一个主要问题是，我们很难知道，在学生走向完全自主学习的不同阶段，我们要为其提供多少支持。这是因为：（1）学习不是线性的（这意味着我们需要提供的支持可能会随着时间的变化而变化）；（2）从长远来看，经历一些失败可能对学生是有利的。虽然看到学生在一项任务中遇到困难时，我们很想施以援手，但促使学生了解和提高自己当前水平的唯一方法就是让他们不时地自我延展。

有证据表明，过快减少"支架"可能弊大于利。如果操之过急，学生的焦虑、压力和对能力的自我认知可能会受到影响。为使该策略行之有效，搭建、减少"支架"既需要深思熟虑，也需要循序渐进。

支架式教学不仅仅是技术上的支持。为了帮助学生成为独立的学习者，我们还需要建立情感支持。这意味着要教学生管理自己的想法和感受。例如，帮助他们发展诸如自我谈话、积极关注等技能会有所助益。虽然这些技能可以自然发展，但如果我们明确地告诉学生，也可以加快其发展。

发展这一学习领域的主要挑战之一是，有时会在心理辅导和学业干预之间产生错误的二分法，让它听起来像是非此即彼。然而，事实是这两者并不相互排斥。干预措施的目标是帮助学生发展其抵抗压力、逆境和挫折的能力，这对两者都是有益的。

学生行为：管理手机（及其他电子产品）

可以说，21世纪教育工作者面临的最大问题之一是：应该在多大程度上将电子技术引入课堂？无论是热爱手机的学生，还是希望孩子使用现代技术的家长，对此呼声都很高。

毫无疑问，电子产品提供了一系列学习的机会，从搜索信息，到分享想法、捕捉讨论内容、通过即时测试检验学生的理解水平。然而，如果对电子产品的潜在负面影响不加控制或没有预先考虑，电子产品可能会弊大于利。其弊端包括注意力下降、记忆力减退、学习能力和整体学习成绩下降等。那么，教师该做些什么才能最大限度地发挥优势，减少劣势呢？

研究应用

当你判断是否要将电子产品引入课堂时，首先要考虑的是你要解决的问题，而不是电子产品能够带来什么。聚焦问题本身会促使你关注最适合自己的解决方案。不幸的是，如果一开始受到技术的诱惑而采取错误的方法，就会让教师走上一条为了应用技术而把技术硬塞进课程的道路。仅仅因为一个应用程序、网站或手机有一些功能，并不意味着要在课堂中应用它。如果它对学生的学习没有帮助，就只是昂贵的装饰而已。

同样，也要考虑在课堂上使用电子产品的机会成本。它的好处是否超过了随之而来的代价、时间成本和潜在的干扰？并不能斩钉截铁地说手机或平板电脑比纸笔更好，但是否有充分的理由来证明这一点呢？

其中一个方法是考虑所有可能出错的地方。包括产品没电、学生忘带设备、Wi-Fi连接问题，以及学生的使用目的不同于预期等。考虑一个后备计划或替代计划是一种谨慎的做法，可以帮助：（1）决定是否使用电子产品；（2）如何更顺利地使用电子产品。

教师态度、期望和行为：课堂管理

有一句美好的谚语是：“教师，是创造所有职业的事业。”因此，发展教学技能既是道德上的，同时也是个人的当务之急。但是要如何发展呢？显然，学科知识是很重要的，但好的教学需要的还不仅于此。我们认为，建立积极的师生关系和了解最新的研究是两个提高专业知识的好方法。

研究应用

发展积极的师生关系是课堂管理的重要组成部分。这可以通过设定高标准和保持一致性来实现。一致性有助于建立信任，这是一个可靠的课堂的标志。同样，在行为方面设定高标准，并明确地传达和定期执行，可以创造一个最佳的学习环境。

其挑战之一是不要掉入陷阱，把积极的师生关系和受学生欢迎混为一谈。相反，它更多的是以一种温暖和公平的方式来设定高标准。因此，学生可能不总是喜欢或同意你说的话，但他们知道你是为了学生利益的最大化。

有了如此多的研究、教育书籍和博客，接触优秀的个人持续专业发展（CPD）变得前所未有的简单。你读得越多，就越有助于挑战和确认你先前的信念。这可以帮助你从不同的角度看待自己的经历。无论主题是什么，无论是行为管理、课程设计、如何衡量学习还是给予反馈，都有人写过相关的文章。

我们也可以向同事请教，在需要时寻求帮助。有趣的是，最近的一项研究发现，专业教师的一个特征是，他们更有可能从同龄人那里寻求反馈。这表明，渴望了解我们自己的技能是改进教学最好的方法之一。

家庭教育：有助于学习的家庭环境

许多父母都遇到了同样的难题，他们已经准备好给孩子提供建议和支持，但是，很多家长，尤其是子女进入青春期的家长们，他们是学生最不愿意听取建议的人。这是一个典型的关于信使而非信息的例子。因此，学校和家长之间合作越紧密，确保信息的一致性，学生就越有可能听取这些建议。

而学校面临的挑战是，他们在学生生活领域的影响力不如在课堂上那么大。因此，学校该如何和家长合作，为孩子的学习提供最好的支持呢？

研究应用

对父母行为进行研究的一个关键的主题是“少量多次”的概念，不要只是偶尔进行一次对话。让新出现的问题在刚刚显现出来时就得到解决，而不是在问题爆发的时候才被注意到。共进晚餐和亲子阅读就是很好的机会。

另一项有趣的发现是“越多不代表越好”。例如，从长远来看，当父母不直接帮助孩子做作业时，学生表现得更好。那些做得好的孩子，他们的父母设立了清晰的框架和规则，之后在此框架内赋予孩子足够的自主权。

此外，如果没有其他因素影响，对学业抱有很高的期望，真正重视教育过程和教师、学校所做的事情，似乎也有显著的效果。我们自己的故事很容易被孩子内化（比如，“我在你这个年纪时不擅长数学”）。这表明，我们不需要知道孩子学校作业中所有问题的答案，而这往往是许多家长普遍关注的。通过重视孩子的努力来找出答案，并为孩子提供支持，由孩子自己去找到和学习答案，似乎是一个明智的方法。

思维偏见：通过自我反省提高自我意识

我们的思维过程并不总是清晰的，也并不总是理性的。我们都会受到一些思维偏见的困扰，阻碍学习的程度和速度。令人沮丧的是，其中一种偏见就是“盲点偏见”，即我们认为其他人会受到偏见的影响，但却不承认自己的偏见。

这使得克服这些偏见变得非常困难。虽然它们在某种程度上会一直存在，但我们可以帮助学生减轻其影响。帮助自身和学生克服这些偏见的一个方法是通过更好的自我反省来提高自我意识。

研究应用

一些策略可以帮助学生克服常见的思维偏见。其中之一是运用客观数据。如果想法过于主观，那么留给解释数据的余地会更少。例如，如果学生认为他们比实际情况做得更好（邓宁–克鲁格效应），那么，当呈现其当前水平的信息时，我们面临的挑战是帮助学生认识到现实情况，同时理解如果改变学习方式，现状也能得以改善。

在教师和学生都不太情绪化的时候讨论问题是自我反省的最佳时机。如果情绪过高，就会适得其反，导致“没有结果”。情绪的“噪声”会让他们对你提出的策略和解决方案充耳不闻。

帮助学生培养自我意识的最大障碍之一是时间。在已经排得满满的课程表中，抽出时间来讨论这类问题可能会很棘手，尤其是每个学生都有自己独特的个性和思维偏见。通过自我反省来提高自我意识不是一件容易的事。但这是值得的，因为它可以产生乘数效应，其好处可以体现在所有科目的学习和所有生活领域中。

译后记

《学习的科学》来到了读者面前。本书是布拉德利·布什和爱德华·沃森联袂之作。布拉德利·布什是资深心理学家，有丰富的学校工作经验。爱德华·沃森是牛津大学和伦敦商学院的高才生，两人强强联合，共铸教育事业。

作为一名教师，我能够从作者精心选编的作品和细致入微的笔端中，感受到他们对教育的热爱。作者对教育工作者的学术关怀，深令我们感激和钦佩。

当今课堂中，教师常常面临着“我需要了解哪些研究”“我如何在课堂中应用这些研究”的问题。对此，作者从“什么是学习的科学，如何理解学习的科学，怎么实践学习的科学”三个方面进行回应。作者选编了最重要、最有影响力的99项研究，涵盖了记忆、动机、元认知等领域，并将每项研究分解为“研究概况、主要研究结果、相关研究和课堂启示”四部分，以教师可理解、可操作的方式呈现出来，揭开了教育研究高深莫测的神秘面纱，一段段鲜活的文字顷刻间跃然纸上、生机盎然，在大中小学之间架起了“左右有沟通，上下有衔接”的桥梁。《学习的科学》(升级版)一书从一定程度上破解了学术研究和教育现实一直以来存在的巨大鸿沟，为我们提供了诸多启示。

首先，对专家学者而言，要积极响应习近平总书记提出的“广大科技工作者要把论文写在祖国的大地上，把科技成果应用在实现现代化的伟大事业中”。

因此，要立足中国实际，扎根学校教育情境，避免出现“科研漂移”和知识生产“虚无缥缈”的现象。加强研究的现实关怀，将抽象的概念和理论化的探索进行解构，转化为课堂中看得见摸得着的实践。从本质上说，研究教育问题，正是为了分析并解决问题，将那些长久以来只存在于专家学者头脑中的“学术逻辑”转化为教师的教学语言，实现“学术与现实”的通约。

其次，对于一线教师而言，要提高教育实践的主动性、行动性和反思性，搭建好理论与实践之间的桥梁。教师不能原地踏步，等待教育理论“投怀送抱”，要积极观察、研究、分析并解释教育现象，不断归纳演绎出教育知识，充实教育基本理论。在教学中，要以“学”为中心，教学相长。自觉学习新知识、新方法、新理念，以较高的理论素养指导教学实践。

诚然，本书提供的是一种思路和视角，别人的解释替代不了自己的理解。书籍本身不是“苦口良药”，而是“指着月亮的手”。如作者所言，书中的诠释是“为了给醉汉提供照明的支撑而不是照明本身”。教师需将这些研究成果整合形成自己独有的“学习的科学”。

本书出版英文第1版后，受到了读者的广泛欢迎。中文版引进出版后也广受赞誉，入选中国教育新闻网2021年度“影响教师的100本书”。2021年，英文版在原来77项研究成果的基础上增补了22项新的研究成果，将这99项关于学习的最重要和最具影响力的研究转化为通俗易懂的便览，拉近了教育理论与教学实践的距离，为教师改进课堂教学质量，提高教学效能作出了新的努力。

参加本书翻译的有浙江理想教育研究院滕梅芳，上海交通大学教学发展中心袁博，旅澳青年盛骢。衷心感谢浙江大学教育学院盛群力教授为本书翻译提供了指导与审订；衷心感谢中国青年出版社将本书列入出版计划和翟平华编辑付出的辛劳。

本书翻译中出现的不足，请读者朋友指正！

浙江理想教育研究院 滕梅芳

2022年6月25日于杭州